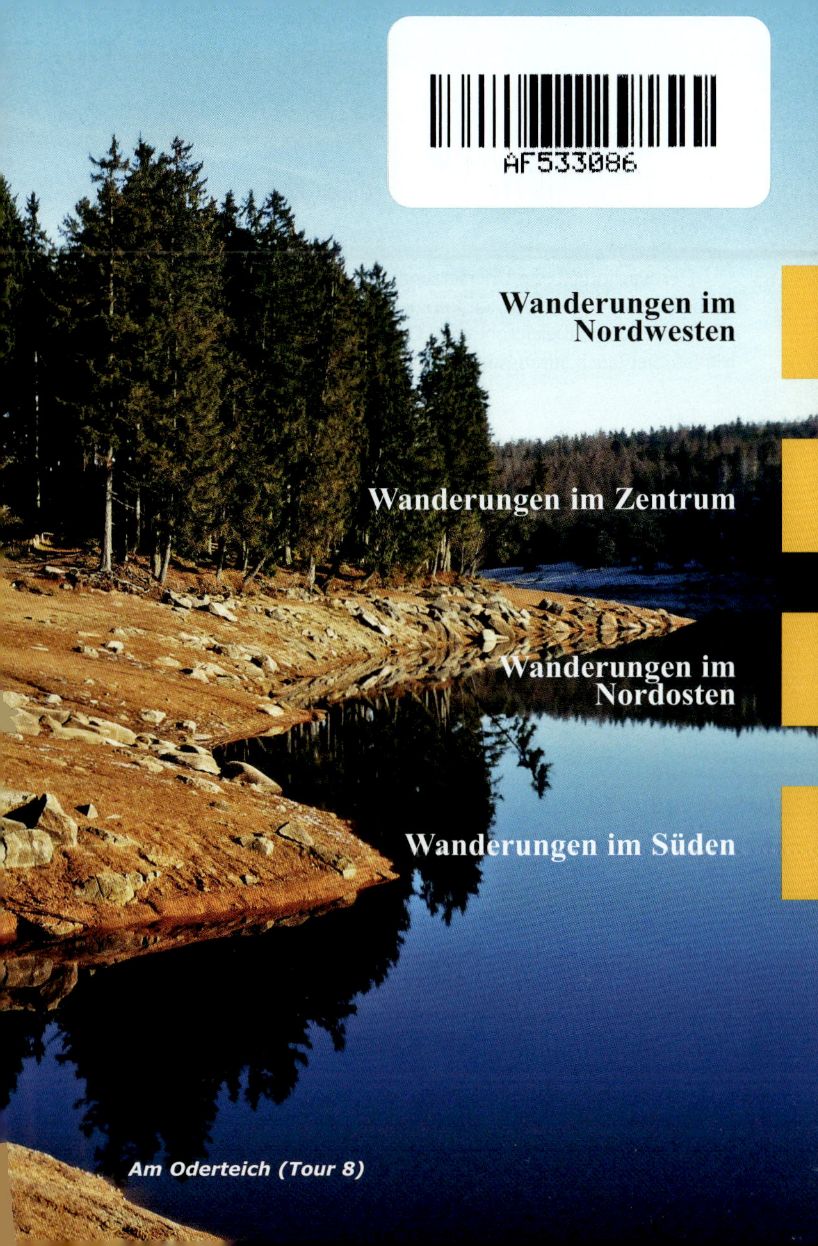

Am Oderteich (Tour 8)

Oberharz

Alle Informationen, schriftlich und zeichnerisch, wurden nach bestem Wissen zusammengestellt und überprüft. Sie waren korrekt zum Zeitpunkt der Recherche. Eine Garantie für den Inhalt, z. B. die immerwährende Richtigkeit von Preisen, Adressen, Telefon- und Faxnummern sowie Internetadressen, Zeit- und sonstigen Angaben, kann naturgemäß von Verlag und Autor – auch im Sinne der Produkthaftung – nicht übernommen werden.

Der Autor und der Verlag sind für Lesertipps und Verbesserungen (besonders per E-Mail) unter Angabe der Auflagen- und Seitennummer dankbar.

Dieses OutdoorHandbuch hat 160 Seiten mit 49 farbigen Abbildungen, 28 farbigen Kartenskizzen im Maßstab 1:50.000/75.000 sowie 26 farbigen Höhenprofilen und einer farbigen, ausklappbaren Übersichtskarte. Es wurde auf chlorfrei gebleichtem Papier gedruckt, in Deutschland klimaneutral hergestellt und transportiert und wegen der größeren Strapazierfähigkeit mit PUR-Kleber gebunden.

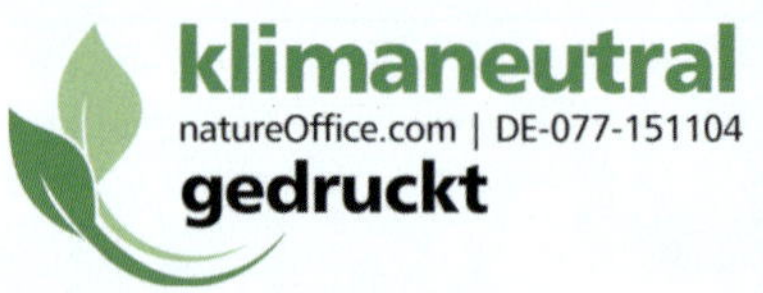

Dieses Buch ist im Buchhandel und in Outdoor-Läden erhältlich und kann im Internet oder direkt beim Verlag bestellt werden.

OutdoorHandbuch aus der Reihe „Regional", Band 386

ISBN 978-3-86686-508-2 1. Auflage 2017

Text: Andreas Happe
Fotos: Andreas Happe
Karten: Manuela Dastig
Lektorat: Amrei Risse
Layout: Anna-Lena Ebner

Gesamtherstellung: Werbedruck GmbH Horst Schreckhase

Dieses OutdoorHandbuch wurde konzipiert und redaktionell erstellt vom:

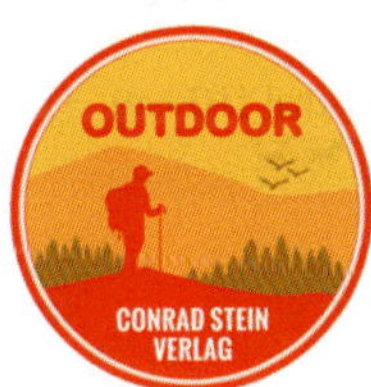

Conrad Stein Verlag GmbH, Kiefernstr. 6, 59514 Welver,
☎ 023 84/96 39 12, FAX 023 84/96 39 13,
info@conrad-stein-verlag.de,
www.conrad-stein-verlag.de

Besuchen Sie uns bei Facebook & Instagram:

 www.facebook.com/outdoorverlag (Outdoor - Conrad Stein Verlag)

 www.instagram.com/outdoorverlag (Outdoor - Conrad Stein Verlag)

Titelfoto: Bismarckturm

Inhalt

Der Oberharz und dieser Wanderführer

Der Oberharz bildet den gesamten nordwestlichen Teil des Gebirges zwischen Wernigerode, Goslar, Osterode und Bad Sachsa. Die höchsten Erhebungen des Massivs mit dem Brocken liegen hier.

Die Wanderregion ist geprägt vom Nationalpark Harz und dem Weltkulturerbe Oberharzer Wasserregal mit seinen unzähligen Seen und historischen Kanälen. Historisch sind auch die dampfbetriebenen Schmalspurbahnen im Harz. Das Grüne Band der innerdeutschen Grenze, markante Granitklippen, schaurige Hochmoore und die berüchtigten Harzer Hexen setzen weitere Akzente.

Verwunschene Pfade, idyllische Waldgaststätten, romantische Seen, wilde Felsklippen und tolle Aussichtspunkte – Kriterien für die Auswahl der Wanderungen waren ein möglichst intensives Landschaftserlebnis auf naturnahen Wegen, interessante Attraktionen am Wegesrand, einladende Gaststätten und eine gute Anbindung an das (öffentliche) Verkehrsnetz.

Das Ergebnis ist ein breites Spektrum an leichten und mittelschweren Routen mit Gehzeiten zwischen 2 Std. und 6 Std. 30 Min. Viele der vorgestellten Wanderungen führen über prämierte Fernwanderwege wie den Hexenstieg (☞ Wanderungen 3, 5, 9, 10, 16, 18), den Teufelsstieg (☞ Wanderungen 7, 14, 19, 20), den Baudensteig (☞ Wanderungen 1, 23, 26) und den Karstwanderweg (☞ Wanderungen 1, 25). Andere nutzen Teile des Kaiserweges (☞ Wanderungen 11, 14) oder des Grünen Bandes auf der ehemaligen innerdeutschen Grenze (☞ Wanderungen 7, 10, 19, 21). Die jeweils vorgeschlagene Gehrichtung garantiert einen hohen Erlebniswert und beachtet, dass die verlockenden Einkehrmöglichkeiten nach der Hälfte der Tour erreicht werden. Tipps für Winterwanderungen und Schneeschuhtouren ermöglichen einen hohen Wandergenuss zu allen Jahreszeiten.

Bei vielen Beschreibungen sind attraktive **Varianten, Abstecher** oder **Kombinationsmöglichkeiten** angegeben, sodass über die 26 ausgewählten Wanderungen hinaus viele weitere Touren möglich und empfehlenswert sind. Über die Varianten passen Sie den Wandervorschlag Ihren persönlichen Wünschen an. So lassen sich z. B. aus vielen Streckenwanderbeschreibungen auch kürzere oder längere Rundkurse ablesen und einige Rundtouren werden per Linienbus zu kürzeren Streckenwanderungen. Mehrtagestouren wie die Brockenüberschreitung entstehen durch Kombination mehrerer Wandervorschläge.

Der Brocken

Es gibt viele Ausgangspunkte für Wege auf den Brocken. Allerdings treffen sich diese noch weit unterhalb des Gipfels, sodass man letztlich nur über zwei Zustiege zum höchsten Punkt gelangt: Von Schierke herauf zieht sich die asphaltierte Brockenstraße, die unterwegs den Teufelsstieg mit dem Eckerlochsteig (☞ Wanderung 19) sowie den Hexenstieg mit dem Goetheweg (☞ Wanderung 10) einsammelt. Von Norden bringt der steile Kolonnenweg mit seinen Betonplatten aus DDR-Zeiten die Aufsteiger des Heinrich-Heine-Weges von Ilsenburg (☞ Wanderung 15) und des Teufelsstieges von Bad Harzburg (☞ Wanderung 7) heran.

Als Brockenaufstiege sind in diesem Führer die ☞ Wanderungen 10 und 19 beschrieben. Besteigungsmöglichkeiten von Norden ergeben sich durch Varianten der Touren 15 und 7.

Aber welche Aufstiegsroute ist die schönste? Das hängt von Ihren persönlichen Vorlieben ab. Hier ein paar Charakteristika:

▷ **Eckerlochsteig**: Der urige Pfad ab Schierke (☞ Wanderung 19) ist ein Teil des Teufelsstieges Elend – Schierke – Brocken – Bad Harzburg. Er windet sich über Wurzeln und Felsen, bis er auf die asphaltierte Brockenstraße trifft. Letztere führt von Schierke aus barrierefrei zum Gipfel und wird u. a. von Radfahrern und Kinderwagen genutzt. Schierke als Ausgangspunkt ist mit der unter Dampf schnaufenden Brockenbahn erreichbar, und auch der Rückweg vom Gipfel kann schnell und leicht per Bahn erfolgen.

▷ **Hexenstieg** mit Bodebruch und **Goetheweg**: Diese Route (☞ Wanderung 10) ist sehr beliebt, am wenigsten anstrengend und landschaftlich sehr attraktiv. Auch bei Regenwetter sind die Wege gut zu begehen. Sie begleiten die Gleise ein Stück und bieten so tolle Fotostandorte für Eisenbahnfreunde und leuchtende Kinderaugen, wenn die dampfenden Stahlrösser vorbeischnaufen.

▷ **Heinrich-Heine-Weg**: Der Aufstieg durch das romantische Ilsetal (☞ Wanderung 15) und der Zugang zum Gipfel über den Kolonnenweg sind auch deshalb attraktiv, weil die Brockenstraße vermieden wird. Allerdings ist der Anstieg recht weit. Der Rückweg per Bahn ist über Wernigerode möglich.

▷ **Teufelsstieg** mit Eckertal und Scharfenstein (☞ Wanderung 7): Für mich ist dies der landschaftlich schönste Aufstieg. Allerdings können die Platten des steilen Kolonnenweges am Ende etwas eintönig werden.

▷ Auch der **östliche Teil des Hexenstieges** (☞ Wanderung 18) taugt als Route für die Besteigung des Brockens. Dabei müssen Sie aber im oberen Teil recht viel Asphalt einkalkulieren. Die Route ist durchgehend als

Hexenstieg ausgeschildert. Die Hin- oder Rückfahrt zwischen Drei Annen Hohne 🚌 🚂 und Brockengipfel 🚂 kann per Brockenbahn erfolgen.

☺ Wie wäre es mit einer **Brockenüberschreitung**? Das können Sie auch gemütlich organisieren, wenn Sie dafür zwei Tage einplanen und im Brockenhotel übernachten – ein einmaliges Erlebnis (☎ 03 94 55/120, 💻 www.brockenhotel.de).

Reise-Infos

Anreise

Die Region ist rundherum gut an das Autobahnnetz angeschlossen. Bei Seesen streift die A7 zwischen Göttingen und Hannover den Harzrand, während von Braunschweig aus die A395 fast bis Bad Harzburg führt.

Viele Orte am Gebirgsfuß sind gut mit der Bahn vernetzt. Linienbusse verbinden diese mit den höher liegenden Orten. Durch die historischen Harzer Schmalspurbahnen (HSB) sind aber auch Orte im Zentrum des Harzes und sogar der Brockengipfel per Bahn erreichbar.

Unterkünfte und Standorte

Vom Wohnmobil- oder Campingplatz über die Pension und die Jugendherberge bis zum Nobelhotel finden Sie alle Arten von Unterkünften. Eine Übernachtungsmöglichkeit im Harz bekommen Sie auch bei kurzfristiger Buchung. Eng wird es aber bei Schneelage in den Wintersportorten Braunlage und Hahnenklee.

Als Standorte für ein entspanntes Wanderwochenende eignen sich am besten die Orte, von denen aus Sie direkt in interessante Routen einsteigen können. Das wären z. B. Clausthal-Zellerfeld, Altenau, Braunlage oder Schierke.

Wollen Sie länger bleiben, spielt die Dichte der Bahn- und Busverbindungen zu den Wandereinstiegen eine größere Rolle. Hier punkten z. B. Braunlage, Wernigerode, Bad Harzburg oder Schierke.

Der Harzer Tourismusverband betreibt eine Internetseite, auf der Übernachtungsmöglichkeiten angeboten werden: 💻 www.harzinfo.de.

Weitere Informationen zu Unterkünften: Harzer Tourismusverband e.V., Marktstraße 45, 38640 Goslar, ☎ 053 21/34 04-0, ✉ info@harzinfo.de

Verkehrsmittel

Am spannendsten sind sicher die Züge der Harzer Schmalspurbahnen (HSB, ☏ 039 43/55 80, 💻 www.hsb-wr.de). Sieben Dampfloks verkehren auf 140 km Strecke.

Zwischen den Hauptorten fährt der Linienbus. Unter 💻 www.bahn.de können Sie sich recht komfortabel die Verbindungen anzeigen lassen.

Am flexibelsten sind Sie mit dem eigenen Pkw. Die Straßen im Harz sind gut ausgebaut.

Reisezeit, Klima, Wetter

Der Harz kann ganzjährig bewandert werden. Jede Jahreszeit hat ihren eigenen Reiz. Im Frühjahr erwacht die Natur und lockt den Wanderer mit vielen Blüten und lichten Buchen-Mischwäldern. Im Sommer prägen lichtüberflutete Hochflächen und schattige Wälder das Bild. Zum Baden und Sonnen empfehlen sich unzählige Seen. Im Herbst leuchten die vielfältigen Mischwälder in der Sonne in Farbtönen zwischen Gelb, Orange, Rot und Braun. Traumhafte Schneelandschaften locken aber auch im Winter zum Wandern in den Harz. Welche Routen dafür geeignet sind, erfahren Sie bei den Wanderbeschreibungen.

Das nördlichste deutsche Mittelgebirge ist wechselndem Wetter besonders ausgesetzt. Informieren Sie sich daher vor Ihrer Wanderung über die zu erwartenden Bedingungen, z. B. unter 💻 www.wetteronline.de/wetter/harz. Dort finden Sie auch ein nützliches Regenradar. Die Webcams unter 💻 www.harz-urlaub.de/ausflugsziele/orte/webcam00.htm liefern ein aktuelles Bild der Lage.

Wanderinfrastruktur

Das Wegenetz ist bestens ausgebaut und die Wanderwege sind meist sehr gut beschildert, das gilt besonders für den Nationalpark. Bei Markierung der Wege mit Zahlen oder farbigen Symbolen hilft eine Karte, in der diese Symbole wiederzufinden sind – wie die „Kompass Wanderkarte Harz" (☞ Karten).

Karten und GPS

Die „Kompass Wanderkarte Harz" (ISBN 978-3850261128), ein preisgünstiges zweiteiliges Kartenset, bildet im Maßstab 1:50.000 den gesamten Harz ab. Auch wenn es in der Karte einige Ungenauigkeiten gibt, bietet sie für die Planung und

Durchführung der Wanderungen einen gelungenen Kompromiss zwischen Übersichtlichkeit und Genauigkeit.

Eine ausführliche Liste zu Karten, Führern und weiterer Literatur zum Harz finden Sie unter www.trekkingguide.de/wandern/deutschland-harz.htm.

Die GPS-Tracks zu den beschriebenen Wegen können Sie auf der Internetseite des Verlags (www.conrad-stein-verlag.de) herunterladen.

Updates

Der Conrad Stein Verlag veröffentlicht Updates zu diesem Wanderführer, die direkt vom Autor oder von Lesern des Buches stammen. Sie finden diese auf der Verlagshomepage www.conrad-stein-verlag.de. Der rechts abgebildete QR-Code führt Sie direkt dorthin.

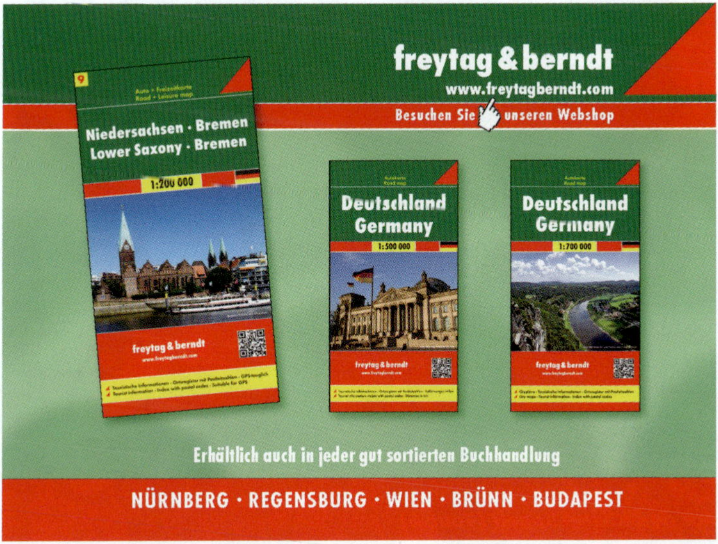

Wanderungen im Nordwesten

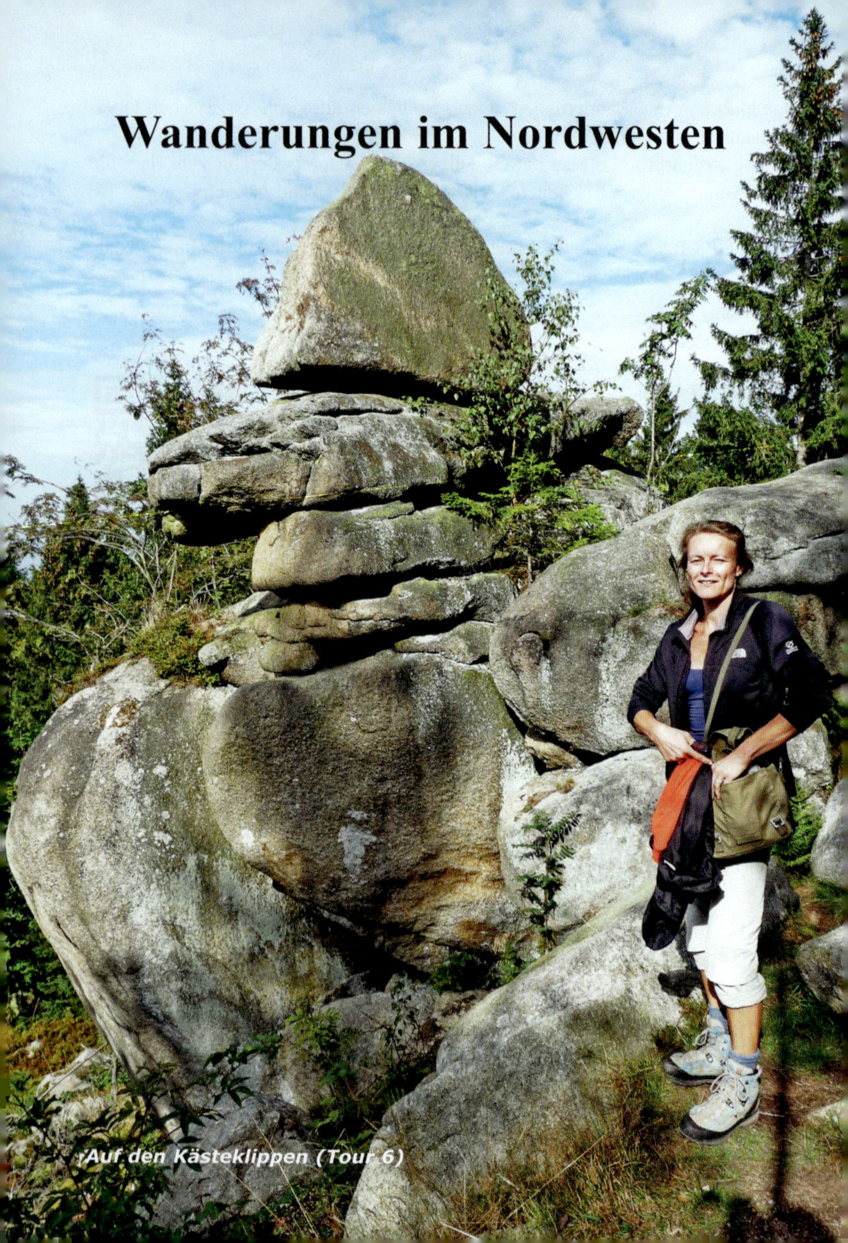

Auf den Kästeklippen (Tour 6)

1 Durch Spiegeltal und Wildemann zu Albertturm und Tropfsteinhöhle

Tour für Naturliebhaber, Pfadfinder, Höhlenforscher und Familien

Höhepunkte dieser Wanderung sind die Spiegeltaler Teiche, die Aussicht vom Albertturm und die Iberger Tropfsteinhöhle. Sie werden aber auch die verwunschenen Pfade mögen, die fast den gesamten Weg prägen – und das familiäre Waldschwimmbad in Wildemann. Schattige Waldpassagen wechseln ab mit sonnigen Wiesenwegen und weiten Blicken ins Tal. Die Wanderpfade sind gut begehbar, nur oberhalb von Wildemann ist etwas Trittsicherheit nötig.

→ Start: Touristinformation Zellerfeld in der Bergstraße 31, Ecke Bornhardtstraße, GPS N 51°49.050' E 010°20.100'; Ziel: Höhlenerlebniszentrum Iberger Tropfsteinhöhle, GPS N 51°49.030' E 010°15.190'

12,4 km

4 Std.

↑↓ 240 m/380 m

⇧ 400-610 m

Die Zwischenziele sind immer wieder ausgeschildert.

mehrere Restaurants in Wildemann (km 7), Baude am Albertturm mit Biergarten auf einer Waldlichtung (km 11)

unterwegs immer wieder Bänke, Schutzhütte am Wegstern Schweinebraten (km 10)

Das Baden ist am schönsten im Unteren Spiegeltaler Teich (km 3,5) oder im Waldfreibad Wildemann (km 6).

Der Weg ist für Kinder spannend und das Freibad Wildemann (km 6) lädt mit Spielplatz zur Pause ein. Am Ende wartet die Iberger Tropfsteinhöhle. Da viele Pfade schmal sind und am Hang verlaufen, sollten die Kinder aber einigermaßen trittsicher sein.

Die Tour ist für Buggys nicht geeignet. Die Pfade sind oft zu schmal.

Zwischen 1. April und 15. Juli gilt Leinenpflicht.

Im Winter können Sie den präparierten Winterwanderweg von Zellerfeld (Start am Ringer Zechenhaus) über die Ernst-August-Höhe nach Wildemann nutzen. Von dort (Bushaltestelle „Abzweig Bahnhof“) kommen Sie über einen ebenfalls präparierten Winterweg zum Albertturm und über die geräumte Piste des Hüttenwirtes hinab zur Tropfsteinhöhle.

P Am Bergwerksmuseum bzw. der Touristinformation in der Bornhardtstraße in Zellerfeld parkt man kostenpflichtig. Alternativ parken Sie kostenlos auf dem Parkplatz Ringer Zechenhaus/Robinsonspielplatz an der Straße von Zellerfeld nach Bad Grund (K37). Von dort nehmen Sie die Straße Richtung Zentrum, um den Carler Teich im Kurpark zu erreichen. Über dessen Staudamm und dann geradeaus kommen Sie auf den beschriebenen Weg.

Im Höhlenerlebniszentrum (HEZ) können Sie in der Cafeteria bequem auf den Bus warten. Die Busse fahren am Wochenende etwa alle 2 Std. Richtung „Clausthal-Zellerfeld ZOB" und brauchen 17 Min. In der Woche bieten sich nur die Nachmittagsbusse an.

Auto-Gärtner, Clausthal-Zellerfeld, ☏ 053 23/400 01, www.autogaertner.de. Fahrt zurück zum Startpunkt etwa € 25

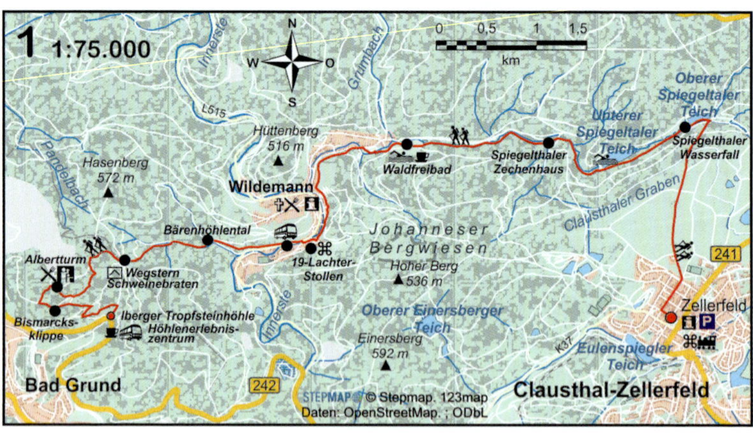

Vom Oberharzer Bergwerksmuseum bzw. der Touristinformation in Zellerfeld gehen Sie durch die Bornhardtstraße bis zum Hotel Harzer, dort biegen Sie rechts in die Treuerstraße ab und steigen immer geradeaus bergauf. Die Treuerstraße quert die Straße Hoher Weg, kurz danach halten Sie sich halb links und gelangen auf den Wirtschaftsweg Bockswieser Höhe. Diesem Weg folgen Sie über hügelige Wiesenflächen mit großartiger Aussicht bis zum Brocken und auf den Stadtweger Teich (beides rechts) für die nächsten 1,7 km. Sie ignorieren alle Abzweigungen, queren einen Wasser führenden Graben, verlieren an Höhe und gelangen so an den Oberen Spiegeltaler Teich, der um 1680 als Stausee für die Wasserversorgung des Silberbergbaus angelegt wurde.

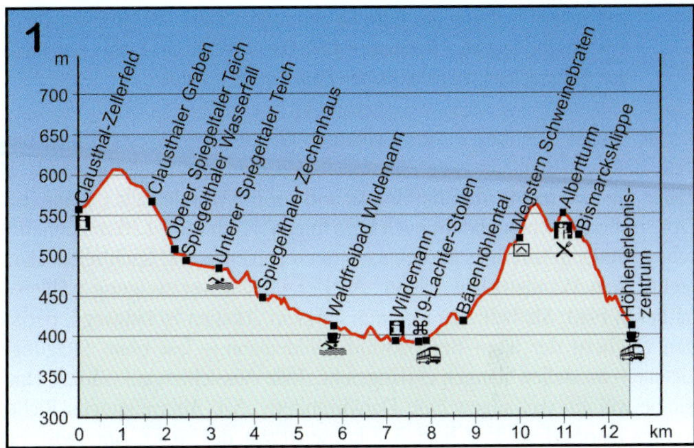

Vor dem Teich wenden Sie sich nach links (Westen) und folgen dem Waldpfad Richtung Spiegeltaler Zechenhaus. Auf dieser romantischen Route begleitet Sie links der Bach und rechts der See. Dann erreichen Sie direkt hinter dem Damm einen rauschenden Wasserfall. Dieser wirkt natürlich, wurde aber künstlich als Überlauf des Sees angelegt. Weiter auf dem Pfad eröffnen sich immer wieder schöne Blicke in das Spiegeltal, später auch auf den Unteren Spiegeltaler Teich.

Hinter dessen Damm begleitet der Pfad als Revisionsweg einen Graben, schlängelt sich dann aber im weiten Bogen durch die dschungelartige Vegetation nach rechts hinunter und folgt dem Bachbett. Wo Sie auf die Forststraße treffen, sehen Sie geradeaus schon das Spiegeltaler Zechenhaus.

Das Spiegeltaler Zechenhaus wurde im 16. Jh. errichtet. Nach Einstellung des Bergbaus in der Mitte des 19. Jh. wurde es zur Gaststätte, später zu einer Schlittenhundefarm.

Lassen Sie das Haus links liegen und folgen Sie dahinter nach links über eine kleine Brücke dem attraktiven Pfad. An einer unbeschilderten Gabelung geht es rechts bergab. Der Pfad führt Sie ca. 1,5 km, ohne abzubiegen, zum Freibad von Wildemann (km 6).

Das Waldfreibad von Wildemann liegt sehr romantisch auf einer großen Lichtung im Tal. Auf dem weitläufigen Gelände gibt es auch einen Spielplatz mit großer Rutsche und ein flaches Kinderbecken. Ein Kiosk bietet Kaffee, Eis sowie kleinere Gerichte und verleiht Schläger und Bälle für den angrenzenden Minigolfplatz. Der Eintritt für Erwachsene liegt bei € 3, Kinder € 1,50. Die Angebote des Kiosks können auch ohne den Freibadeintritt zu einer kleinen Pause genutzt werden.

Sie setzen den Weg in der bisherigen Gehrichtung (Westen) fort, biegen vor dem Bach auf den Grasweg ein und folgen ihm zum Skulpturenpark. Dahinter gehen Sie halb rechts über die Brücke und vor der Wandelhalle entlang, bis Sie die Dorfstraße erreichen und ihr nach links folgen. Nach etwa 120 m können Sie dann schon wieder scharf links zurück nach oben abbiegen und unmittelbar darauf nach rechts dem Wanderschild folgen. An der Dreifachverzweigung wählen Sie den mittleren Pfad. Sie befinden sich nun auf dem „Halben Höhenweg", der sich über den Dächern der alten Bergbaustadt Wildemann – fast ohne Steigungen oder Gefälle – an steilen Hängen entlangzieht. Tolle Aussichten auf Gärten, Häuser und Kirche würzen das angenehme Dahinwandern. Alle Abzweigungen Richtung Ort werden ignoriert. Erst nach ca. 1,2 km senkt sich der Weg („Am Badstubenberg") zur Straße mit dem motivierenden Namen „Im Sonnenglanz".

Der Wanderweg zieht sich oberhalb des alten Bergbauortes Wildemann am Hang entlang

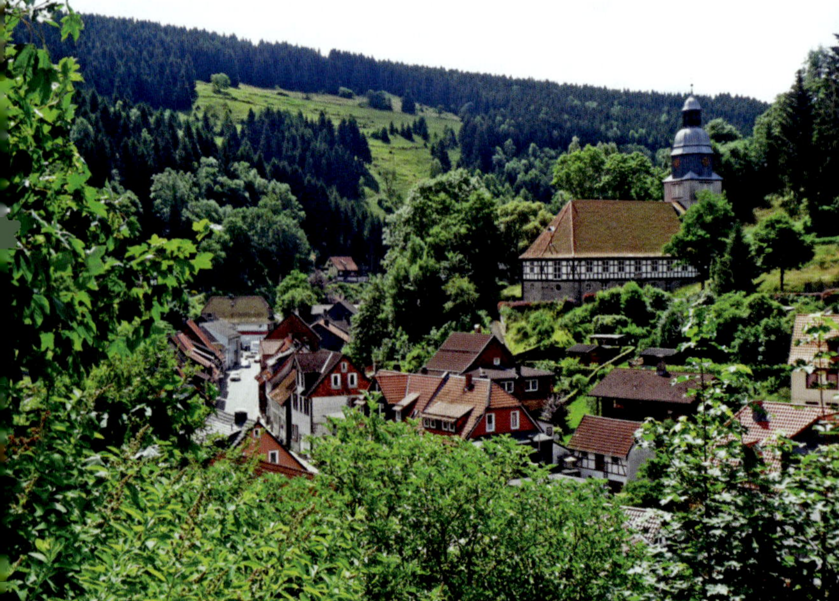

Geradeaus weist ein Schild zum 19-Lachter-Stollen, dem Besucherbergwerk von Wildemann.

Sie gehen erst noch kurz diesseitig der Innerste, wechseln dann auf die Hauptstraße L515 und wandern unterhalb des Besucherbergwerkes bis zur Bushaltestelle.

Die Bushaltestelle nennt sich „Wildemann – Abzweig Bahnhof“ und kann für eine Verkürzung der Tour genutzt werden.

Unmittelbar vor der Haltestelle steigen Sie auf einem schmalen Pfad (trotz Beschilderung leicht zu übersehen) im spitzen Winkel rechts den Hang hinauf – ein wunderschöner Pfad, der Sie durch Grasflächen, abwechslungsreiches Buschwerk und Wald ohne große Steigungen am Wildemanner Tal entlang und ins Bärenhöhlental hinauf führt.

Nach 1 km treffen Sie auf eine Schotterstraße und folgen ihr bergauf. Der Albertturm ist von hier aus gut ausgeschildert. Verpassen Sie aber 400 m weiter nicht die Abkürzung nach links (Schweinebraten steil), die Ihnen einen schöneren und kürzeren Pfad anbietet. Später wieder auf der von rechts kommenden Schotterstraße sind es noch 150 m bis zur Wegspinne mit dem Namen „Schweinebraten“ (km 10). Geradeaus gegenüber beginnt der Pfad zum Albertturm an einer Wanderkarte. Folgen Sie diesem, bis Sie weiter oben wieder die Schotterstraße erreichen. Hier geht es kurz nach links und nach 80 m wieder links auf den etwas verwachsenen Graspfad. Nach weniger als 500 m Fußpfad durch dichtes Grün führt halb rechts hinauf ein etwas unscheinbarer Pfad zum Albertturm (km 11).

Albertturm

Der Albertturm steht auf dem 562 m hohen Iberg – einem versteinerten Korallenriff – mitten im Wald. 1886 wurde als Vorläufer des heutigen, nach Renovierung in den 50er-Jahren etwas befremdenden Bauwerks ein hölzerner Aussichtsturm errichtet und eine Waldgaststätte eröffnet. Letztere verfügt über eine ansehnliche Speisekarte. Einfache gute Harzer Gerichte präsentieren sich dort unter teils skurrilen Bezeichnungen wie „Tote Oma“. Ein kleiner Spielplatz erfreut die Jungwanderer.

♦ ☎ 053 27/15 35, www.iberger-albertturm.de, 10:00 bis 18:00, Fr Ruhetag

Zum Abstieg folgen Sie dem Pfad zwischen Biergarten und Toilettenhaus halb links. Auf dem Baudensteig und dann dem Karstwanderweg (weißes K in rotem Balken) geht es stetig bergab: an der nächsten Gabelung scharf links (hier nicht von einem nach rechts weisenden K irritieren lassen), oberhalb einer Tischgruppe rechts zu dieser hinunter und an der Tischgruppe (Bismarcksklippe) wieder links. Nun folgen Sie weiter den Schildern „Karstwanderweg", „Bad Grund Markt" und „Höhlenerlebniszentrum". So erreichen Sie den großen Parkplatz, die Cafeteria mit gutem Kaffee und die besuchenswerte Iberger Tropfsteinhöhle.

Iberger Tropfsteinhöhle mit Höhlenerlebniszentrum (HEZ)

Die natürliche Höhle befindet sich in einem 370 Mio. Jahre alten Korallenriff. Viele Stalaktiten und Stalagmiten sind von Mineralien bunt gefärbt. Im Mittelalter wurden auf der Suche nach Erzen Klüfte und Spalten erweitert und einige Stollen angelegt. Die Höhle ist 8 km lang, davon sind 150 m gut begehbar. ☺ Warme Kleidung nicht vergessen! Die Temperatur in der Höhle liegt immer um 8° C. Das Fotografieren in der Höhle ist verboten.

♦ ☏ 053 27/829 80-17 oder -19, www.hoehlen-erlebnis-zentrum.de, Di bis So 10:00 bis 17:00, Eintritt € 8 für Museum und Höhle mit Höhlenführung

Zwischen Wildemann und Schweinebraten

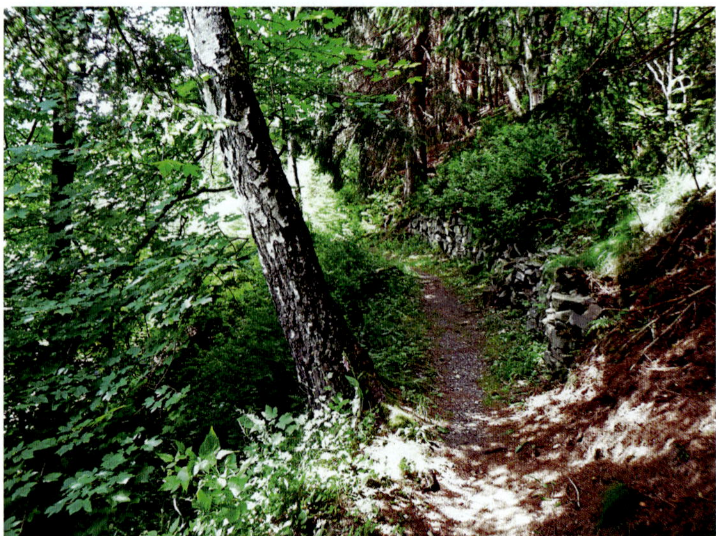

❷ Zellerfeld – Hahnenklee: Auf romantischen Pfaden zur Stabkirche

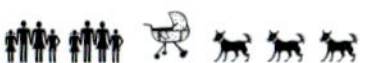

Tour für Naturliebhaber, Kulturinteressierte und Familien

Diese Wanderung bietet mit der berühmten hölzernen Stabkirche in Hahnenklee und dem Bergbaumuseum Zellerfeld zwei kulturelle Highlights in der Mitte und am Ende der Runde. Dazwischen liegen viel Natur und idyllische Seen, in denen Sie baden können. Auch das Mittagessen oder Kaffee und Kuchen schmecken am Seeufer besonders gut. Ausgesprochen romantisch verlaufen die verwunschenen Fußwege entlang der Wasserläufe. Fast die gesamte Route führt über schmale Wald- und Wiesenpfade oder geschotterte Wanderwege. Sonnige und schattige Abschnitte wechseln sich ab. Rund um Zellerfeld ist das Gelände offener, bei Hahnenklee stärker bewaldet. Nach Niederschlägen kann es die eine oder andere kurze matschige Passage oder etwas nasses Gras geben, sonst sind die Wege sehr gut zu begehen.

Start/Ziel: Touristinformation Zellerfeld in der Bergstraße 31, Ecke Bornhardtstraße, GPS N 51°49.050' E 010°20.100'

14,6 km

4 Std.

280 m/280 m

510-620 m

Immer wieder finden Sie Schilder, auf denen die Zwischenziele angegeben sind. Halten Sie sich aber lieber an diese Beschreibung, wenn Sie die schönste Route nicht verpassen wollen. Zwischen Hahnenklee und dem Großen Kellerhalsteich können Sie sich an dem blauen X (Weg 5G Richtung Festenburg) orientieren.

Es gibt viele Cafés und Restaurants in Zellerfeld und Hahnenklee (km 7), außerdem das Café-Restaurant Egerland am Oberen Grumbacher See (km 9) und das Café Untermühle (km 12).

Es gibt weder Rastplätze noch Schutzhütten an diesem Weg.

Wasserläufer Teich (km 1), Spiegeltaler Teiche (km 3,5), Mittlerer Grumbacher Teich (km 5), Oberer Grumbacher Teich (km 9)

Am Weg liegen viele Seen und Bäche. Die Stabkirche wirkt auch auf Kinder faszinierend, genauso wie das Bergbaumuseum in Zellerfeld. In Hahnenklee gibt es eine Seilbahn mit angeschlossener Sommerrodelbahn. Unterwegs, auf dem Campingplatz am Oberen Grumbacher Teich, befindet sich das Schoko-Restaurant, das nicht nur Kindern süße Träume erfüllt (km 9). In Zellerfeld wartet dann noch der Abenteuerspielplatz, an dem Sie zu Beginn der Wanderung vorbeigekommen sind (parken Sie auf dem Wanderparkplatz Robinsonspielplatz an der Kreisstraße 37, wenn Sie die Tour am Spielplatz beginnen und beenden wollen).

Aufgrund vieler schmaler Waldpfade ist die gesamte Route für Buggys nicht geeignet. Zwischen Hahnenklee und den Grumbacher Teichen lässt es sich jedoch auf naturnahen und trotzdem überwiegend befestigten Wegen auch mit dem Kinderwagen recht gut wandern: Nutzen Sie die zweite Hälfte der folgenden Wegbeschreibung von Hahnenklee bis zum Kaffeehaus Egerland am Oberen Grumbacher Teich. Wenden Sie sich dort nach rechts talabwärts und an der nächsten Kreuzung rechts über den Damm des Mittleren Grumbacher Teiches. Sie befinden sich dann auf dem anfangs beschriebenen Weg nach Hahnenklee.

Die Route ist für Hunde gut geeignet. Unterwegs bieten immer wieder Wasserläufe oder Seen Abkühlung. Zwischen 1. April und 15. Juli gilt Leinenpflicht.

Der Rundweg kann im Winter auch mit Schneeschuhen bewandert werden. Nur kurz hinter Zellerfeld berührt man dann die Loipe. Von der Stabkirche in Hahnenklee aus führt ein präparierter Winterwanderweg als Rundtour zu den Grumbacher Teichen, ein anderer als Streckentour auf den Bocksberg. Von dort kann zurück nach Hahnenklee gerodelt werden.

P Am Bergwerksmuseum bzw. der Touristinformation in der Bornhardtstraße in Zellerfeld parkt man kostenpflichtig. Bei Start in Hahnenklee parken Sie am besten an der Talstation der Bocksberg-Seilbahn oder östlich der Stabkirche am Ende der Straße Am Bocksberg.

Eine Buslinie verkehrt stündlich von Goslar über Hahnenklee (ab Goslar ca. 30 Min. Fahrzeit) nach Clausthal-Zellerfeld (ZOB, weitere ca. 20 Min.) und zurück.

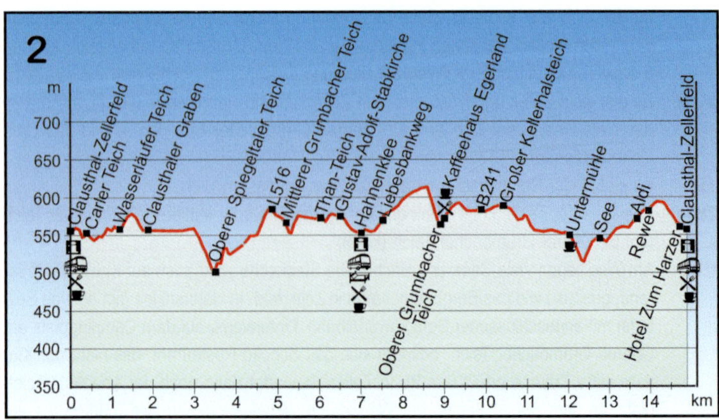

☺ Die Tour ist hier mit Start in Zellerfeld beschrieben, sie kann aber genauso gut in Hahnenklee begonnen werden. Dann ist das Bergbaumuseum in Zellerfeld ein lohnendes Zwischenziel.

↳ Durch die gute Busverbindung zwischen Zellerfeld und Hahnenklee und weil es so viel zu sehen und zu erleben gibt, können Sie die Rundwanderung auch auf zwei attraktive kürzere Streckenwanderungen aufteilen.

Von der Touristinformation (☏ 053 23/810 24) und dem ⌘ Bergwerksmuseum (☏ 053 23/989 50, 💻 www.oberharzerbergwerksmuseum.de) in Zellerfeld folgen Sie der Bornhardtstraße aufwärts (Richtung Nordwesten) und ihrer Verlängerung bis in den Kurpark. Weiter geradeaus bringt Sie ein etwas unscheinbarer Pfad hinunter zum Carler Teich, den Sie gegen den Uhrzeigersinn umrunden. Wo Sie auf den Damm stoßen, biegen Sie rechts aufwärts in den schmalen Pfad ab, der Sie durch die Wiesen und später Wald stetig leicht aufwärts führt (an einer Gabelung im Wald weiter rechts aufwärts halten). Links liegt nach einer Weile der Robinson-Spielplatz, kurz darauf queren Sie im spitzen Winkel die kleine Spiegeltaler Straße und stoßen auf den Damm des Wasserläufer Teiches.

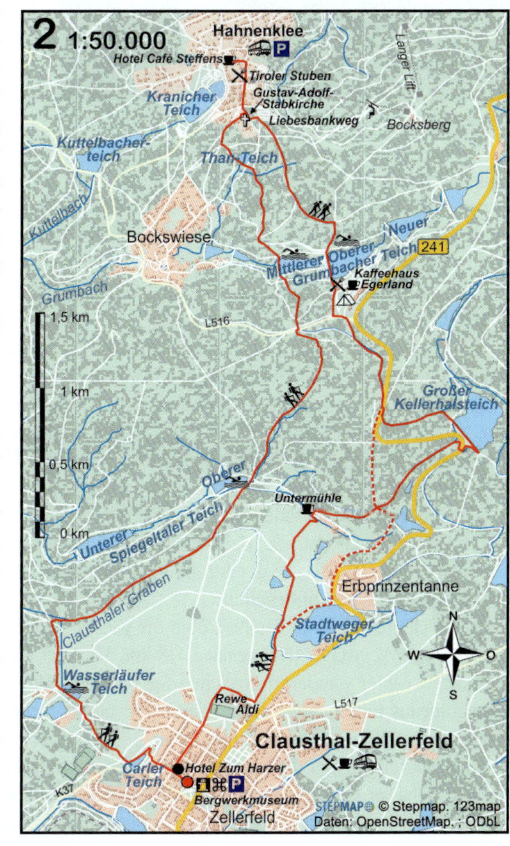

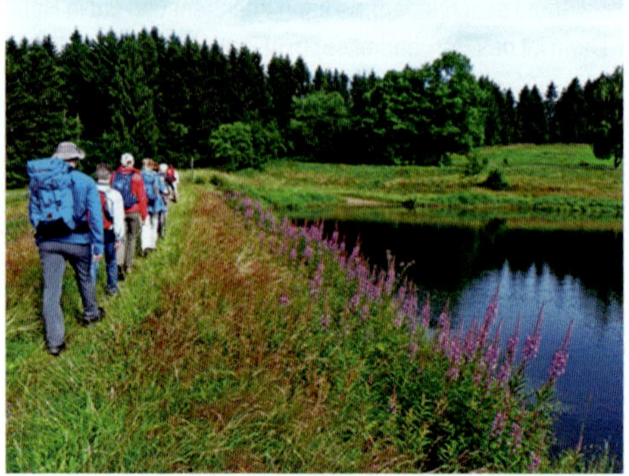
Teiche und Wasserläufe prägen die Landschaft

Nach Passieren des Dammes wandern Sie den Feldweg nach rechts hinauf, der Sie über eine Kuppe führt. Ein Abzweig nach rechts wird ignoriert, an einer Gabelung halten Sie sich halb links (Schild Mountainbikeroute). Keine 200 m hinter der Kuppe kommen Sie an eine Stelle, an der sich mehrere Wege treffen. Auch im Sommer steht hier ein Schild, das nach links die Spiegeltaler Langlaufloipe ausweist. Sie aber wenden sich nach rechts und nehmen den horizontal nach Osten in den Wald führenden Pfad, der umgehend als Revisionspfad eines Grabens erkennbar ist. Während Sie am Graben entlangwandern, liegt rechts ein Wiesenhang. Ein Feldweg kommt von rechts oben heran. Diesem folgen Sie halb links hinunter und erreichen so den malerisch unten im Tal liegenden Oberen Spiegeltaler Teich (km 3,5).

Ohne abzubiegen, passieren Sie das obere Ende des Spiegeltaler Teiches. An der Kreuzung mit einem Holzlagerplatz führt der Weg geradeaus weiter (Hahnenklee 3 km), verzweigt sich dann aber kurz darauf. Hier nehmen Sie den rechten, anfangs eben verlaufenden Weg im Tal. Die grasbewachsene Treckerspur wird im weiteren Verlauf zum Waldpfad. Hier finden Sie viele überwucherte Spuren des historischen Bergbaus wie Schürfmulden und verfallene Stützmauern.

Der Pfad mündet in eine weitere Treckerspur, der Sie links folgen. Kurz darauf erreichen Sie die Landstraße, die Sie direkt dort überqueren, wo Sie aus dem Wald kommen (km 4,7). Die vor der Straße nach rechts und links verlaufenden, deutlicheren Wege bleiben unbeachtet.

Nach Überqueren der Straße treten Sie wieder in den Wald ein, hier sehen Sie schon einige Wegweiser (Hahnenklee 1,8 km, Mittlerer Grumbacher Teich 0,4 km). Geradeaus weiter wandernd erreichen Sie bald eine Kreuzung. Die halb links und die geradeaus führenden Varianten leiten Sie beide – zwei weitere Wege überquerend – zum Mittleren Grumbacher Teich.

Überqueren Sie hier die Staumauer und gehen Sie anschließend halb links hinauf auf den Schalker Grabenweg (5G, blaues X), dem Sie knappe 10 Min. folgen. Der Wechsel von Waldpassagen und Lichtungen macht den Weg interessant und die

Brombeeren versüßen im Spätsommer die Wanderung. An einer Bank müssen Sie noch einmal in den schmaleren Weg nach links hinunter einbiegen und erreichen den nächsten See: Den Thanteich streifen Sie auf seinem Damm. Etwa 140 m weiter, an einem Wegstern mit einer markanten Bank, halten Sie sich rechts und laufen dann schon auf die Stabkirche zu, die durch die Bäume lugt (km 6,5).

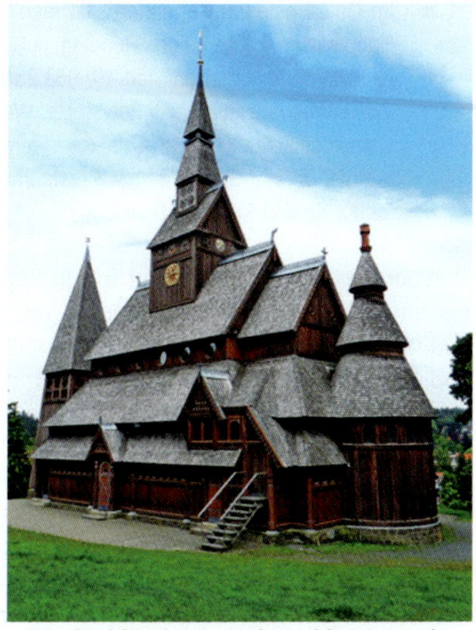

Die Stabkirche in Hahnenklee ist neben der Marktkirche in Clausthal die schönste im Oberharz

Gustav-Adolf-Stabkirche

Die Holzkirche wurde 1907 bis 1908 nach dem Vorbild mittelalterlicher norwegischer Stabkirchen erbaut. Viele Merkmale erinnern an die Schiffe der Wikinger. Das Gebäude wirkt mächtig und filigran zugleich und liefert eines der bekanntesten 📷 Fotomotive im Harz.

Von der Kirche die Treppenstufen hinunter und Sie sind in Hahnenklee. Die Rathausstraße verläuft in Verlängerung der Kirchentreppe nach Norden durch den Ort (km 7) und erschließt z. T. als Fußgängerzone eine Vielfalt gastronomischer Angebote.

Rechts der Fußgängerzone bringt die Seilbahn auch im Sommer Besucher auf den Bocksberg. Von dort startet die 1,3 km lange Sommerrodelbahn (☏ 053 25/25 76, 💻 www.erlebnisbocksberg.de, täglich 9:00 bis 17:30).

❄ Auch im Winter wird ab der Bergstation zurück nach Hahnenklee gerodelt, dank der Beleuchtung auf der ganzen Strecke samstags sogar bis 21:30.

Es geht zurück zur Stabkirche, dann aber auf einem Pfad links an ihr vorbei. Hinter der Kirche gehen Sie links auf den Parkplatz Bocksberg zu. Vor diesem wenden Sie sich nach rechts und dann an der Dreifachverzweigung nicht links in den Liebesbankweg, sondern geradeaus leicht aufwärts (✎ 5D, grünes Dreieck).

Nach knapp 1 km (10-15 Min.) zweigt ein Pfad nach rechts hinunter zum Oberen Grumbacher Teich ab (✎ Café Egerland). Schnell erreichen Sie den See, an dessen gegenüberliegendem Ufer Sie den Campingplatz und das Café-Restaurant Egerland (km 9) erblicken.

Im Café-Restaurant Egerland sitzt man sehr schön im Biergarten am See. In der Hauptsaison gibt es keinen Ruhetag, außerhalb der Saison wechseln diese. Im Zweifel sollten Sie vorher anrufen. ☏ 053 25/22 93, 01 72/410 55 77, kaffeehausegerland@freenet.de. Wenige Meter weiter auf dem Gelände des Campingplatzes lockt das Schokorestaurant – nicht nur mit süßen Genüssen. ☏ 053 25/546 31 31, www.restaurantschoko-goslar.de, Mi bis Fr 17:00 bis 22:00, Sa und So 11:00 bis 22:00

Vom See (Damm) kommend folgen Sie geradeaus der Schotterzufahrt hoch bis zur Landstraße. Diese überqueren Sie, gehen kurz ein paar Meter nach links und vor der Einmündung in die Bundestraße 241 (unmittelbar vor der Leitplanke und hinter einem Streugutkasten) rechts in den unscheinbaren Fußpfad. Dieser trifft einen querenden Weg, dem Sie nach links folgen. Circa 10 Min. später kreuzen Sie im spitzen Winkel die B241.

Wenn Sie hier dem Pfad halb rechts folgen, ohne die Straße zu queren, kürzen Sie über die „Alte Harzstraße" etwas ab. Sie versäumen ein schönes Wegstück und den Großen Kellerhalsteich, sparen aber zwei Straßenquerungen und das Übersteigen einer Leitplanke (☞ unten).

Immer weiter auf dem Pfad mit der Markierung 5G/X, dem Schalker Grabenweg, erreichen Sie nach weniger als 15 Min. seit der letzten Straßenquerung den Großen Kellerhalsteich. Überqueren Sie nun die Staumauer und steigen Sie am anderen Ende scharf rechts zum Parkplatz ab. Auf der anderen Straßenseite, direkt gegenüber der linken (südlichen) Ausfahrt des Parkplatzes, beginnt ein unscheinbarer Pfad hinunter zum Dammfuß. Da hier 2016 eine Leitplanke errichtet wurde, müssen Sie diese überklettern.

Folgen Sie dem Pfad nach unten zum Auslauf des Stausees und wenden Sie sich mit ihm nach links. Der Pfad begleitet den munteren Bach nun auf einem kleinen Deich.

Bleiben Sie auf der Deichkrone, auch wenn Sie links einen Forstweg herankommen sehen. Die darauffolgende Forststraße, die „Alte Harzstraße" (hier kommt von rechts die oben beschriebene Variante heran, ein Schild „Mountainbike" weist dorthin), überqueren Sie. Hier ist die Untermühle schon – etwas verborgen – ausgeschildert.

↳ Diese Variante ist bei Nässe zu empfehlen, oder wenn Sie ungern auf Wiesenpfaden wandern: An der Kreuzung „Alte Harzstraße" können Sie auch links abbiegen und so zum Unteren Kellerhalsteich gelangen. Noch vor dem Damm halten Sie sich rechts, passieren die Wegesmühle, touchieren die B241 und halten die Richtung über den Parkplatz der Klinik Erbprinzentanne. So stoßen Sie auf den Stadtweger Teich, halten sich rechts und gelangen schließlich auf den unten erwähnten asphaltierten Wanderweg, auf den nach etwa 400 m von hinten rechts die Hauptroute mit einer Allee einmündet.

Gut 50 m hinter der Kreuzung führt nach links unten ein unbeschilderter Pfad von der Deichkrone hinab. Folgen Sie ihm bis zur Untermühle (km 12).

✕ Die Untermühle – eine alte Kornmühle mit Wasserrad – bietet in authentischem Ambiente Kaffee und Kuchen an. ☏ 053 23/98 30 98, www.mountainbike-hotel-harz.de, Fr bis So 15:00 bis 18:00

Über das Gelände der Untermühle – das Haupthaus rechts liegen lassend – kommen Sie an eine Treppe, die sich in einem Wiesenweg den Hang hinauf fortsetzt. Nach einem kurzen steilen Anstieg wird der Pfad flacher und verläuft als Trittspur – links zieht sich ein Zaun entlang – Richtung Südsüdost über die offene, von Wiesen bedeckte Hochfläche von Clausthal-Zellerfeld. Halten Sie sich am Ende des Zaunes auf der Trittspur halb links, auf einen weiteren Zaun zu, so gelangen Sie zu einem fast verlandeten Stauteich, den Sie im Uhrzeigersinn umrunden. Der Pfad setzt sich als wunderschöne Ahorn-Eschen-Allee fort. Tolle Blicke über die Bergwiesen auf beiden Seiten des Weges werden noch berauschender, wenn im Frühjahr viele bunte Blumen und im Frühsommer ein lila Blütenmeer die Farbpalette dominieren. Links gerät der Stadtweger Teich ins Blickfeld, im Vordergrund geben Pferde und Kühe dem Bild seine Tiefe.

Die Allee mündet in einen asphaltierten Wanderweg (von links kommt die oben beschriebene Variante heran), dem Sie in Gehrichtung folgen. So gelangen Sie bald zum Einkaufszentrum von Zellerfeld, vor dem Sie rechts und danach wieder links abbiegen. Sie lassen den Fußballplatz links liegen, überqueren den Hohen Weg und erreichen durch die Treuerstraße bergab bald wieder die Bornhardtstraße mit dem Bergwerksmuseum und der Touristinformation.

③ Clausthaler Seenrunde: 18 Seen auf 18 km

Tour für Naturliebhaber, Nostalgiker und Badenixen

Auf dieser Runde erwarten Sie viele wunderschöne Seen, oft verbunden durch verwunschene schmale Pfade. Tolle Badestellen, aber auch Rastplätze mit Ausblicken über ruhige Bergseen, eingefasst von üppigem Grün, begeistern den Wanderer. Die Wege sind sehr abwechslungsreich: abenteuerliche Waldpfade und geschotterte Wanderwege, verbuschtes Gelände und Bergwiesen, häufiger Wechsel von Licht und Schatten. Bei dieser Tour müssen Sie kaum Höhenmeter überwinden, Sie befinden sich auf der hügeligen Clausthaler Hochfläche. Aber hin und wieder erfordert ein Wurzelpfad etwas Konzentration. Ein sehenswertes Objekt der Harzer Wasserbaukunst ist das Polsterberger Hubhaus, heute auch einladende Gaststätte. Am Ende der Tour erwarten Sie die einzigartige historische Marktkirche – die größte Holzkirche Deutschlands – und die lebendige Flaniermeile von Clausthal.

Start/Ziel: ZOB Clausthal-Zellerfeld, GPS N 48°51.820' E 010°20.200'

18 km

4 Std. 30 Min.

210 m/210 m

540-620 m

nur hin und wieder markiert, relativ wenige Schilder

Der empfehlenswerte Abstecher zum Polsterberger Hubhaus (ab km 8) bedeutet einen Umweg von 1,5 km. Café-Restaurant Pixhaier Mühle (km 14), Gaststätten aller Art in Clausthal. Recht früh, nach 2,5 km, erreichen Sie das Ristorante Pizzeria Lucania. Falls Sie, wie für Buggypiloten vorgeschlagen, denselben Weg zurück nehmen, wäre dies eine gute Einkehrmöglichkeit.

Rastplatz und Schutzhütte „Weppner Hütte" am Jägersbleeker Teich (km 7) und Schutzhütte am Damm des Bärenbrucher Teiches (km 12)

Oberer Eschenbacher Teich (km 1), Waldseebad am Oberen Hausherzberger Teich (km 1,5), Entensumpf (km 9,5), Nassewieser Teich (km 10), Bärenbrucher Teich (km 11,5), Ziegenberger Teich (km 12), Pixhaier Teich (km 14,5)

Für Kinder ein aufregender Weg. Die Strecke kann einfach verkürzt werden, ohne die Spannung zu mindern.

Die komplette Runde ist für Buggys nicht geeignet. Sie können aber die ersten 5,5 km mit dem Buggy bis zum Pfauenteich und dann auf demselben Weg zurück wandern.

Die Route ist für Hunde gut geeignet. Allerdings geht es auch mal durch niedrige Büsche und hohes Gras. Zwischen 1. April und 15. Juli gilt Leinenzwang.

Außerhalb Clausthals ist die Runde auch für Schneeschuhe geeignet.

Fahren Sie auf der Bahnhofstraße über den Busbahnhof. Dahinter, am Alten Bahnhof, können Sie kostenlos parken.

Clausthal-Zellerfeld ist gut an das Busnetz angeschlossen. Die Wanderung beginnt direkt am Busbahnhof. Vom Polsterberger Hubhaus können Sie bei Bedarf mit dem Linienbus zurück zum Startpunkt fahren.

Mehrere Abkürzungsmöglichkeiten sind in der Beschreibung angegeben: Die Tour ist ohne Probleme verkürzbar auf 14 km/3 Std. 30 Min. oder 11 km/3 Std., bei Busbenutzung ab Polsterberger Hubhaus auch auf 9 km/2 Std.

Die Seenwanderung beginnt am Busbahnhof (ZOB) von Clausthal-Zellerfeld. Starten Sie Richtung Osten – entgegen der Einbahnstraßenrichtung – entlang der B241 und nehmen Sie in der Rechtskurve geradeaus die Straße An den Eschenbacher Teichen. Nach 150 m leichten Anstiegs gehen rechts zwei Wege ab. Nehmen Sie den zweiten, noch vor dem gegenüberliegenden Kindergarten und unmittelbar vor der Bebauung. Dieser Schotterweg führt oberhalb des Eschenbacher Grabens am Rand der Siedlung im weiten Linksbogen um sie herum. Bald öffnet sich ein schöner Blick über den ersten See, den rechts liegenden Unteren Eschenbacher Teich. Der Schotterweg steigt am Ende leicht an. Unter einem Ahorn gelangen Sie an einen Wegstern. Biegen Sie hier rechts auf den Damm ab und genießen Sie den schönen Ausblick auf den zweiten, den Oberen Eschenbacher Teich. An beiden Enden des Damms liegen schöne Badestellen. Der Blick auf den Unteren Eschenbacher Teich öffnet sich auf dem Weg über den Damm. Nach selbigem wandern Sie in Gehrichtung immer geradeaus. Nach mehr als 300 m hinter dem Damm nehmen Sie an einer Gabelung die halb linke Spur. Geradeaus lugt schon das Stephansstift durch die Bäume, das Sie anschließend rechts liegen lassen.

Der Schotterweg läuft geradeaus auf den nächsten See zu. Sie erreichen den Damm zwischen dem Oberen und dem Unteren Hausherzberger Teich, den Seen Nummer 3 und 4.

Die beiden Seen sind nach 1657 gestaut worden, um das aus der Brockenregion hergeleitete Wasser für Trockenperioden zu speichern. Links liegt nun das attraktiv gelegene, von Bäumen umrahmte Waldseebad mit sonnigen Liegewiesen.

Sie überqueren den Damm Richtung Süden, halten sich am Ende links (Osten) und nehmen den Weg zwischen dem Seeufer und einigen Nurdachferienhäusern. Nach gut 250 m biegen Sie rechts ab, oben ist eine Schranke zu sehen. Hinter der Schranke halb rechts, das Ristorante Lucania rechts liegen lassend, verlassen Sie das Gelände der Ferienhäuser.

Ristorante Pizzeria Lucania, www.ristorante-lucania.de, 05 32 38/36 90, tägl. 11:30 bis 15:00 und 17:30 bis 23:00, italienische Küche

Direkt nach Verlassen des Ferienparks wenden Sie sich nach links. Sie überqueren den Parkplatz eines Mehrfamilienhauses, an dessen Ende der weitere Weg beginnt. An der bald folgenden Gabelung geht es nach rechts (Richtung Südosten).

Nach über 500 m kommen Sie an einen Wegstern und halten sich scharf rechts (Richtung Südwesten). Der Schotterweg wird links von einer dschungelähnlich zugewachsenen Schlucht begleitet, durch die früher die Bahntrasse von Altenau nach Clausthal führte.

An der nächsten Querstraße biegen Sie kurz nach links ab, um gleich wieder rechts, hinter der Schlucht, dem Schotterweg zu folgen.

Junge und erwachsene Abenteurer können an dieser Stelle über eine Trittspur in die Schlucht hinabsteigen und ihr nach links folgen. Sie treffen dann später wieder im spitzen Winkel auf den Schotterweg.

Wo der Schotterweg zwischen einem Betriebsgebäude und der Straße einen Stadtplan erreicht, endet auch der Fußpfad durch die Schlucht. Überqueren Sie die Altenauer Straße im spitzen Winkel, Sie sehen dann schon die Wasserflächen des Sees Nr. 5. Wandern Sie über den Damm und anschließend am Ufer des

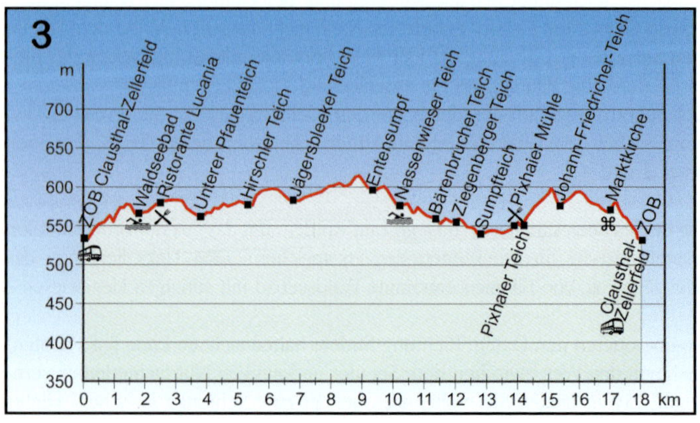

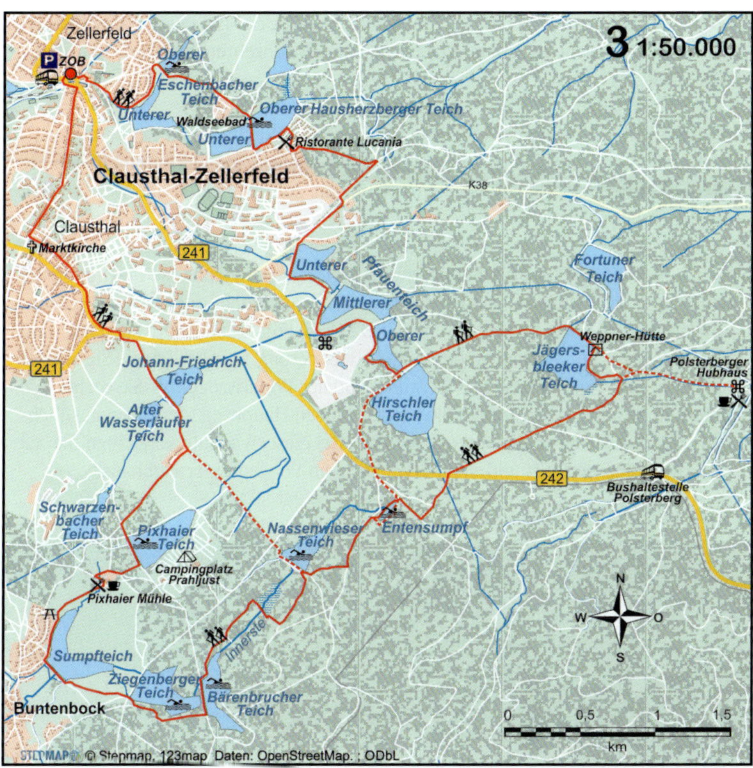

Unteren Pfauenteiches entlang. Der schmale Fußpfad führt durch Wiesen und Buschwerk gerade neben einem Wasserlauf auf den nächsten Damm zu, der den Mittleren Pfauenteich (See Nr. 6) staut. Vor dem Damm überqueren Sie nach rechts auf einem Holzsteg den Wassergraben, passieren den rechts liegenden ⌘ russischen Ehrenfriedhof und folgen dem Pfad weiter durch abwechslungsreiches Gelände entlang des Wasserlaufes, oberhalb des Mittleren Pfauenteiches, zum See Nr. 7 (Oberer Pfauenteich).

Nordöstlich, auf der anderen Seite des Mittleren Pfauenteiches, ragen mächtige Ruinen aus dem Wald. Hierbei handelt es sich um das Werk Tanne, die drittgrößte – 1944 von der US-Luftwaffe zerbombte – Munitionsfabrik des Dritten Reiches.

Auch für geländegängige Kinderwagen wird der Pfad entlang des Oberen Pfauenteiches recht mühsam. Daher sollten Sie umkehren und auf demselben Weg zurückgehen.

Geradeaus auf einem Wiesenpfad umgehen Sie eine Bucht im Oberen Pfauenteich und stoßen auf den Damm des Hirschler Teiches, See Nr. 8. Nun folgen Sie links dem Pfad oder steigen über Treppen hinauf auf den Damm und wenden sich dort nach links.

Sie können 3 km der heutigen Wegstrecke sparen, wenn Sie die Treppe auf den Damm hinaufsteigen, dann aber rechts gehen und mehr oder weniger geradeaus (an einer Gabelung halb links), die B242 überquerend, zum Parkplatz und Holzlagerplatz Entensumpf wandern (☞ Wanderung 5). Hier laufen Sie wieder halb links über eine Forststraße Richtung Huttaler Widerwaage, bis Sie rechts den Entensumpf sehen. Dort treffen Sie wieder auf den Hauptweg, der Ihnen aus Richtung Huttaler Widerwaage entgegenkommt. Bei dieser Variante verzichten Sie auf den Jägersbleeker Teich und den Abstecher zum Polsterberger Hubhaus.

Ein See auf jedem Kilometer

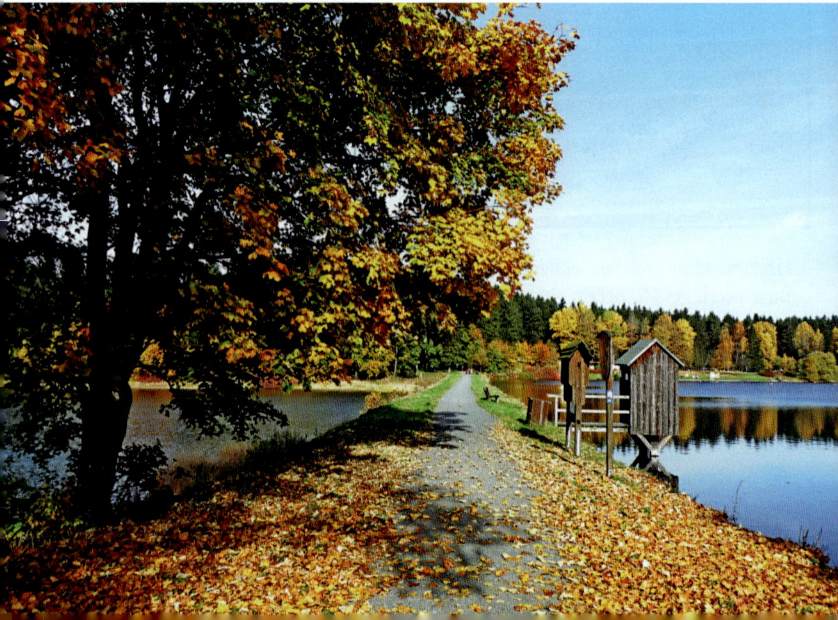

Am nordöstlichen Ende des Damms vereinigen sich beide Pfade und führen Sie in Verlängerung des Damms geradeaus in den Fichtenwald hinein. Unterwegs kommt von hinten links die Forststraße (🚼) heran, in die Sie im spitzen Winkel einbiegen. Gut 1 km nach dem Hirschler Teich überqueren Sie den Damm des sich rechts ausbreitenden Jägersbleeker Teiches (See Nr. 9). Links ist durch die Baumwipfel der Fortuner Teich kaum noch zu erkennen, deshalb zählen wir ihn auf unserer Teichrunde nicht mit.

Am Ende des Damms liegt rechts die ⌂ Weppner-Hütte.

⇘ Der Abstecher zum Polsterberger Hubhaus (☞ Wanderung 4) führt vom Damm geradeaus. Alle Abzweigungen ignorierend (✋ In einer Rechtskurve der Forststraße führt Ihr Weg geradeaus weiter. Die Beschilderung fehlte zur Zeit der Recherche.) und später eine Forststraße im spitzen Winkel überquerend gelangen Sie nach weniger als 1 km zu der gemütlichen und historisch sowie technisch interessanten ⌘ ☕ ✕ Gaststätte. Der Rückweg erfolgt zunächst auf dem Hinweg. Dort, wo Sie den Forstweg im spitzen Winkel überquert haben, biegen Sie nun nach links auf diesen ein. 100 m weiter treffen Sie wieder auf die Hauptroute.

Vom Damm führt nach rechts am Seeufer entlang ein Wurzelpfad. Dieser biegt im Bogen nach links und entfernt sich dann vom Ufer, bevor er in der Nähe einer Gabelung auf die Forststraße trifft. Hier laufen Sie nach rechts und an der Gabelung der Forststraße (der Abstecher Polsterberger Hubhaus kommt von links) wieder nach rechts. Nun geht es auf einem Schotterforstweg („Roter Handschuh“ genannt) bequem und geradeaus – rechts durch die Bäume glitzert der Hirschler Teich – bis zur B242. Diese überqueren Sie und spähen gegenüber nach dem etwas unscheinbaren Pfad, der Sie weiter geradeaus durch den Wald führt. Vor einem Graben kreuzt ein Fußpfad, den Sie überqueren. Durch den (trockenen) Graben hindurch und auf der anderen Seite geradeaus weiter stoßen Sie bald auf eine geschotterte Forststraße, der Sie nach rechts etwa 200 m zum Entensumpf (See Nr. 10) folgen. Der Waldsee scheint links durch die Bäume, ein Pfad führt zum Ufer und dann rechts an ihm entlang.

📷 ⇘ Fotografen sollten den See lieber links umrunden, weil das rechte Ufer dann meist von der Sonne beschienen wird. Außerdem kommen Sie auf der linken Seite des Sees an der Innerste-Quelle (⇧ 605 m, Infotafel) vorbei.

🏊 Das Wasser des Entensumpfes – im 16. Jh. als Trinkwasserspeicher für Clausthal angelegt – lädt mit seiner grünlichen Färbung weniger zum Baden ein als die kristallklaren Wasser der anderen Seen. Trotzdem ist er sehr sauber und auch zum Schwimmen geeignet. Es gibt ein paar Grasflächen am See, die sich für eine Rast anbieten. Je nach Wetterlage locken die schattigen auf der linken oder die sonnigen Plätze auf der gegenüberliegenden Nordseite.

Am Ende des Sees geht es über den Pfad nach rechts hinunter auf den Schotterfahrweg. Diesem folgen Sie nach links ca. 400 m, er ist mit dem Symbol des Hexenstieges markiert. Hinter einer Eberesche (gegenüber ein Schild und eine gelbe Säule) führt nach rechts hinunter ein steiniger Pfad in den Wald. Ein Schild des Hexenstieges weist nach Buntenbock und Osterode. Der Pfad läuft auf die mit einer Blumenwiese bewachsene Dammkrone des Oberen Nassewieser Teiches (See 11) zu. Eine Bank bietet tolle Blicke über den See, am Ufer laden grasbewachsene Lichtungen zum Verweilen und das klare Wasser zum Baden ein.

Sie können 4 km der Strecke sparen, wenn Sie über die Dammkrone und dann immer geradeaus bis zu einem Bauernhof (Naturhof Mühlenberg) wandern. Dort treffen Sie wieder auf den Hauptweg.

Circa 5 m hinter der Bank, am Anfang der Dammkrone, führt links hinunter ein Pfad, der sich sofort wieder gabelt. Halten Sie sich hier links, dem Wasserrad auf blauem Grund folgend. Kurz danach an einem Graben geht es wieder links, der Weg wird zum Revisionspfad, der dem Graben folgt. Wieder befinden Sie sich auf einem traumhaft schönen Waldpfad.

Nach 400 m führt ein unbeschilderter Pfad nach rechts hinunter. Wenn Sie diesen verpasst haben und auf die Forststraße stoßen, gehen Sie einfach das Stück am Graben wieder zurück. Der Pfad läuft auf die Dammkrone des fast verlandeten Unteren Nassewieser Teiches (See Nr. 12) zu, die Sie überqueren. Der Weg ist hier manchmal etwas zugewachsen. Am Ende des Dammes, hinter einem Graben, biegen Sie nach links und folgen dem sich durch die Heidelbeeren schlängelnden Wurzelpfad, der im Prinzip parallel zum Graben verläuft. Dort, wo der See Nr. 13 durch die Bäume leuchtet, gabelt sich der Pfad. Sie wandern rechts am Bärenbrucher Teich entlang. Nach einer schönen sonnigen Wiese mit Ruhebank überqueren Sie den Auslauf des Sees und die Dammkrone. Rechts schweift der Blick über den Ziegenberger Teich (Nr. 14) Richtung Buntenbock. Am Ende der Dammkrone biegen Sie rechts in den geschotterten Ziegenbergweg ein, den Sie etwas später auf einer Trittspur durch die blühenden Wiesen nach rechts hinunter zum Seeufer verlassen.

Den Weg, der von links kommend über die Dammkrone läuft, überqueren Sie im rechten Winkel, und dahinter halten Sie sich rechts auf den Buntenbocker

Bergwiesenweg. Über wunderschöne Bergwiesen wandern Sie nun oberhalb des Seeufers (Sumpfteich, Nr. 15), später über eine Brücke und den Damm. Anschließend wenden Sie sich nach rechts, weiter am Ufer entlang. Ein Wanderweg führt Sie entlang eines Wasserlaufes durch offenes Gelände mit Wiesen, Feuchtgebieten und Büschen, aber auch Erlen, Ahorn und Eschen. Sonnige und schattige Passagen wechseln ständig, der Blick kann weit schweifen. So erreichen Sie den Park der Pixhaier Mühle.

Café-Restaurant Pixhaier Mühle: Hier präsentiert die deutsch-österreichische Küche dem hungrigen Wanderer z. B. leckeren Kaiserschmarrn. ☏ 053 23/938 00, www.pixhaier-muehle.harz.de, Di ab 14:30, Mi bis So ab 11:00, jeweils „bis keiner mehr kommt"

Sie verlassen das Gelände nach links über den Parkplatz und eine Brücke, um gleich wieder nach rechts über eine weitere Brücke zu wandern. Sich leicht rechts haltend erreichen Sie einen Wegstern (rechts ginge es auf eine Wiese). Hier gehen Sie scharf links in den Waldpfad hinein, der Sie zum Staudamm des Pixhaier Teiches (See Nr. 16,) führt. Kurz rechts hinauf und Sie stehen auf der Dammkrone.

Links über den Damm folgen Sie dem Weg geradeaus leicht ansteigend in den Wald hinein. Der Wurzelweg kreuzt bald eine Fahrspur, der Sie nach halb rechts folgen. Vor einem Bauernhof, dem Naturhof Mühlenberg, folgen Sie dem Wirtschaftsweg geradeaus, auf Asphalt geht es am Hof entlang. Hinter dem letzten Gebäude links folgen eine Auffahrt und eine mächtige Hecke und dahinter kreuzt – rechts aus dem Tal von Riefensbeek-Kammschlacken und vom Nassewieser Teich kommend – ein Wiesenweg. Dieser zieht sich links am Rand der Wiese den Hang hinauf (hier trifft die Abkürzung vom Nassewieser Teich wieder auf die Hauptroute). Sobald Sie die Graskuppe erreicht haben, liegen Ihnen die nächsten beiden Seen zu Füßen: rechts der Johann-Friedricher-Teich (Nr. 17), links der Alter Wasserläufer Teich (Nr. 18). Hier jagen oft Milane oder Bussarde.

Immer geradeaus gelangen Sie zur Bundesstraße, kurz davor nehmen Sie links den Fußpfad bis zur Tankstelle. Wechseln Sie die Straßenseite, folgen Sie der sich gabelnden Straße halb rechts und halten Sie sich unten in der weiten Linkskurve geradeaus in die Schulstraße mit vielen Harzer Holzhäusern. Weiter geradeaus gelangen Sie auf den Marktplatz, wo unvermittelt links von Ihnen die prächtige blaue Marktkirche erscheint.

✝ Die riesige Marktkirche „Zum Heiligen Geist" wurde nach einem Großbrand im Dreißigjährigen Krieg 1640 in ihrer heutigen Form erbaut. Sie besteht komplett aus Eichen- und Fichtenholz und wirkt wegen ihrer Größe und des blauen Anstrichs wie aus einer anderen Welt. Der prächtig ausgeführte norddeutsche Barock spiegelt den damaligen Reichtum der alten Bergbaustadt Clausthal wider.

Die Marktkirche in Clausthal

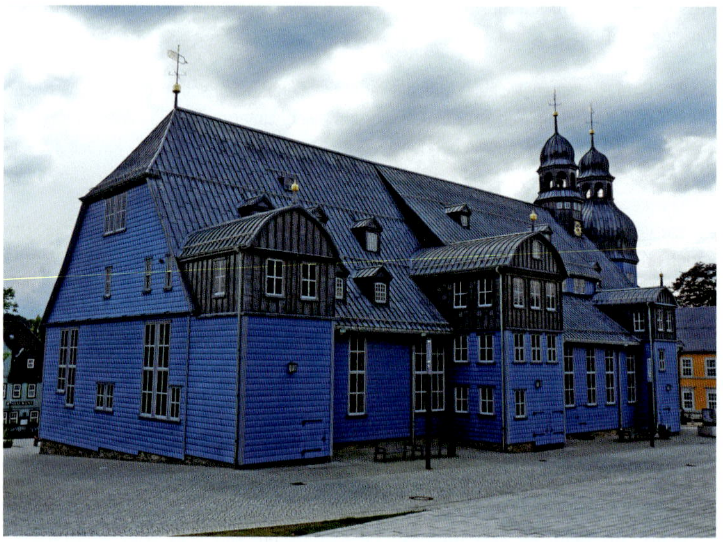

Hinter dem Marktplatz nach rechts kommen Sie in die Adolph-Römer-Straße, die leicht ansteigende Flaniermeile Clausthals. Hier reihen sich Cafés, Bäckereien, Eisdielen und Restaurants aneinander, und vor den meisten stehen Tische und Stühle auch draußen auf dem Gehsteig. Ein prächtiges historisches Gebäude ist das Hotel Goldene Krone, das hinter der nächsten Kreuzung liegt. Ab hier senkt sich die Adolph-Römer-Straße wieder etwas ab und passiert den Kronenplatz. Sie trennen sich von ihr, wenn Sie an einer Gabelung halb links über die Straße Zellbach weiter bis zum Talgrund absteigen. Nach links liegt dann in 100 m Entfernung der 🚌 P Busbahnhof.

4 Wald, Wasserregal und Holzkirche: Von Altenau nach Clausthal

Tour für Naturliebhaber, Historiker und Genießer

Sie tauchen in üppig grüne Wälder, ziehen über lichte Wiesen und treffen immer wieder auf verträumte Seen, in denen auch gebadet werden kann. Für Liebhaber historischer Gebäude liefern das Polsterberger Hubhaus und die Anlagen des Oberharzer Wasserregals, aber auch die größte deutsche Holzkirche am Ende der Tour attraktive Beispiele traditioneller Technik.

Die Route verläuft auf einsamen Waldpfaden oder Fußwegen mit Gras und Schotter. Später erwarten Sie auch mal etwas breitere Schotterwege und am Schluss noch für ca. 20 Min. gepflasterte Bürgersteige. Sonne und Schatten, Wald und Wiesen wechseln angenehm häufig. Die überschaubaren Steigungen schonen die Kondition.

→ Start: Wanderparkplatz beim Hotel Zum Forsthaus in Altenau, GPS N 51°47.665' E 010°26.750'; Ziel: Kronenplatz in Clausthal, GPS N 51°48.420' E 010°20.170'

10 km

2 Std. 30 Min.

↑ ↓ 210 m/140 m

⇧ 500-610 m

Die Zwischenziele sind oft, aber nicht immer ausgeschildert.

Einkehren können Sie im besuchenswerten Polsterberger Hubhaus (km 4,3) oder am Ziel in Clausthal.

Unterwegs sind immer wieder Rastplätze am Wegesrand zu finden. Eine schöne Schutzhütte für das Picknick ist die Weppner-Hütte am Jägersbleeker Teich (km 5,5).

Polstertaler Teich (km 3,5)

Für Kinder sind vor allem die Seen und die „Länge" der Strecke interessant.

Wenn Sie die Tour am Polsterberger Hubhaus starten oder beenden, können Sie die Strecke nach oder von Clausthal (5,5 km) mit dem Buggy zurücklegen. Die Pfade sind dort gerade noch breit genug und es gibt kaum Steigungen.

Die Tour ist für Hunde gut geeignet. Nur am Ende in Clausthal läuft man ein Stück auf Pflaster in die Stadt hinein. Zwischen 1. April und 15. Juli gilt Leinenpflicht.

Die Route ist außerhalb Clausthals auch als Schneeschuhtour attraktiv.

P Altenau: Wanderparkplatz an der B498 beim Hotel-Restaurant Zum Forsthaus am südlichen Ortsausgang oder an der Therme. Clausthal: Direkt am Busbahnhof (ZOB) kann kostenlos geparkt werden.

 Es gibt eine stündliche Direktverbindung mit dem Linienbus, Fahrzeit ca. 20 Min., Busse 831 und 840, Haltestelle „Kronenplatz" (Zentrum) oder „ZOB" (kostenlose Parkplätze) in Clausthal-Zellerfeld und „Therme Heißer Brocken" in Altenau.

Nördlich des Hellertals mit der Kreisstraße 38 verläuft der alte Bahndamm zwischen Clausthal und Altenau. Auf diesem können Sie bequem mit sanftem Gefälle zurück nach Altenau wandern. Eine Kombination aus beiden Strecken – z. B. mit Start am Alten Bahnhof Altenau – ergibt eine Rundwanderung von 15 km/4 Std.

Sie können die Wanderung mit dem Besuch der schönen Kristalltherme „Heißer Brocken" in Altenau verbinden, die fast am Startpunkt der Wanderung liegt (Karl-Reinecke-Weg 35, 38707 Altenau, ☏ 053 28/91 15 70, www.kristalltherme-altenau.de).

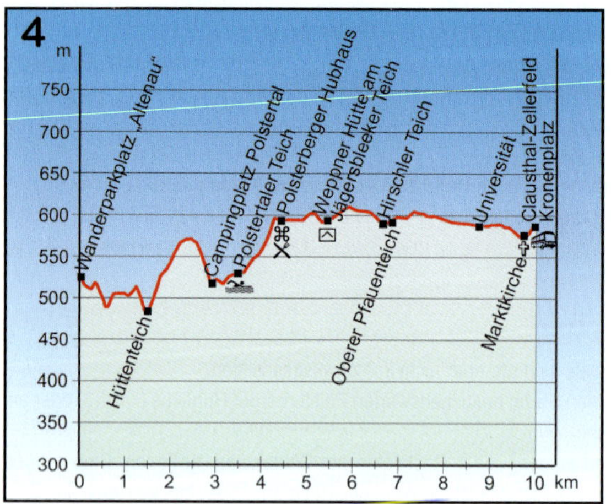

Der Wanderparkplatz an der B498 liegt am südlichen Ortseingang von Altenau vor dem Hotel Zum Forsthaus. Gehen Sie ein paar Meter ortsauswärts bis ans Ende des Parkplatzes und dort nach rechts unten in einen mit einem weißen R auf grünem Punkt markierten Weg (Cariusweg) hinein.

Bald folgt eine Gabelung, auch hier weist das R den richtigen Weg nach links unten. Ein romantischer schmaler Wanderweg führt hinunter ins Tal, dort geradeaus über eine Brücke und in weitem Bogen um eine Wiese herum wieder aufwärts. Hier und da ist schon der Hüttenteich ausgeschildert.

Sie erreichen einige ✕ Gasthäuser am Ortsrand, lassen diese rechts liegen, überqueren den Wendeplatz und folgen gegenüber dem immer schmaler und natürlicher werdenden Weg Richtung Hüttenteich (✎ R). Zuletzt queren Sie noch eine Schotterstraße, dann stehen Sie unten an der Staumauer (km 1,5). Der ⌘ Hüttenteich entstand 1711 als Energiespeicher für die Altenauer Silberhütte.

Dem Damm folgen Sie ans andere Ende, halten sich kurz links und wandern dann halb rechts die grasige Spur hinauf (✎ Mountainbike). Oben quert ein Pfad, dem Sie nach rechts folgen. 170 m weiter biegen Sie nach links oben ab (✎ Polstertal). An einer Gabelung halten Sie sich rechts ✎ und laufen über die Kuppe hinunter zum Campingplatz Polstertal. Diesen umrunden Sie (halb) im Uhrzeigersinn und nutzen am gegenüberliegenden Ende den wurzeligen Pfad vor dem idyllischen Bachlauf. (✋ Es sieht erst so aus, als käme man hinter dem letzten Wohnwagen nicht weiter ... aber genau dort beginnt der Pfad.)

Der Pfad führt am Bach und später am ⌘ Polstertaler Teich entlang, den Sie rechts liegen lassen. Am Ende des Sees gehen Sie auf der querenden Schotterstraße nach rechts, dann 150 m weiter hinter der großen runden Info-Scheibe links hoch. Immer geradeaus steigen Sie nun die letzten 700 m zum ✎ Polsterberger Hubhaus hinauf.

☺ ⌘ Sie sollten nicht versäumen, auf die Reste der Hubanlage zu achten, die links am Weg liegen. Oben im restaurierten Hubhaus erläutert eine Skizze, wie die Konstruktion funktionierte, die das Wasser aus einem Graben 20 m hinauf in den darüberliegenden Graben gehoben hat.

✕ ☕ Polsterberger Hubhaus (km 4,3): Hier gibt es leckeres Essen mit viel Regionalem und Biokost, nette Menschen, eine schöne Einrichtung und einen tollen Biergarten.

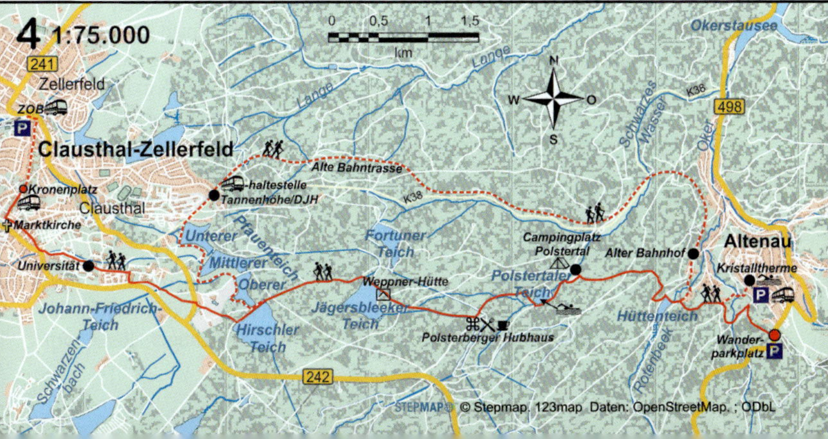

Außen an der Hauswand hängt eine Skizze, auf der Sie die Funktion der historischen Hubanlage erkennen können. ☏ 053 23/55 81,
💻 www.polsterberger-hubhaus.harz.de, von Juni bis Oktober tägl. und von November bis Mai jeweils Mi bis So von 11:00 bis 19:00

Verdiente Rast im Polsterberger Hubhaus

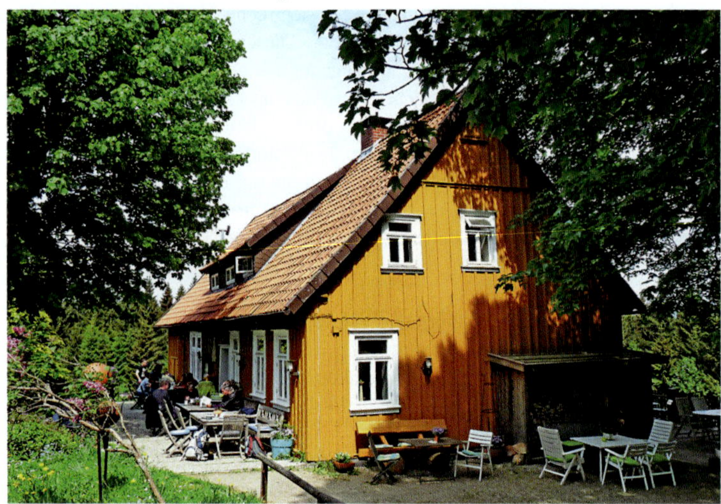

Aus der Gaststätte kommend nach rechts folgen Sie dem alten Graben (✎ Clausthal). 10 Min. später queren Sie die Schotterstraße, bald darauf biegen Sie in eine weitere Schotterstraße im spitzen Winkel ein (✎ Weg 10 H, roter Punkt). Dieser Weg bringt Sie zu einem weiteren idyllischen See, dem Jägersbleeker Teich, auf den Sie an der wunderschön gelegenen Weppner-Hütte treffen. Sollten Sie auf eine Einkehr im Polsterberger Hubhaus verzichtet haben, ist hier ein perfekter Platz für eine Pause.

Wenn Sie weitergehen, gerade über den Damm und auf dem Weg bleibend, folgen bald der große Hirschler Teich (links) und der Obere Pfauenteich (rechts unten). Am Ende des Hirschler Teiches (km 7) beginnt nach rechts ein Fußweg nach Clausthal. Diesem folgen Sie immer geradeaus und ignorieren alle – meist größeren – Abzweige. Der Weg führt mehrfach zwischen rot-weißen Pfählen hindurch, über weite Wiesen und wird später von einer Reihe mächtiger alter Ahorne begleitet.

↳ Rückweg nach Altenau über alten Bahndamm

Biegen Sie direkt hinter dem Oberen Pfauenteich rechts ab und folgen Sie dem Uferweg entlang der Pfauenteiche (☞ Wanderung 3), dem Damm des Unteren Pfauenteiches und ein Stück der Altenauer Straße. Dann wechseln Sie an der Straße Tannenhöhe (dort kurz links und gleich wieder rechts) auf den Bahndammweg. Immer geradeaus führt Sie dieser Weg dann über 9 km (ab Hirschler Teich) zum Alten Bahnhof Altenau und zurück zum Hüttenteich.

1,2 km hinter dem Hirschler Teich kommt von links die Landstraße heran, rechts liegt das Universitätsgelände. Kurz bevor Sie auf die Landstraße treffen, suchen Sie sich einen der vielen Pfade nach rechts (z. B. vor dem blau und grün gestrichenen Gebäude), überqueren einen Wohnheimparkplatz und biegen links in die Leibnizstraße ein. Gehen Sie entlang der Institute und Wohnheime bis zum Ende der Straße, rechts um den Döner-Imbiss herum in die Schulstraße und entlang vieler alter Harzer Holzhäuser weiter bis zum Marktplatz mit der prächtigen ✝ Marktkirche (km 9,5, ☞ Wanderung 3).

Weiter geht es vor dem alten Bergamt rechts hoch durch die Adolph-Römer-Straße mit vielen Gaststätten und Geschäften. Am höchsten Punkt liegt links das Gasthaus Goldene Krone in einem beeindruckenden Holzbauwerk. Hier am Kronenplatz finden Sie die gleichnamige Bushaltestelle.

↳ Zum ZOB gehen Sie noch 900 m geradeaus weiter hinab über den Kronenplatz, an der Gabelung links in die Straße Zellbach und unten im Tal kurz links zum 🚌 P Busbahnhof.

Romantische Wanderpfade zwischen Altenau und Clausthal

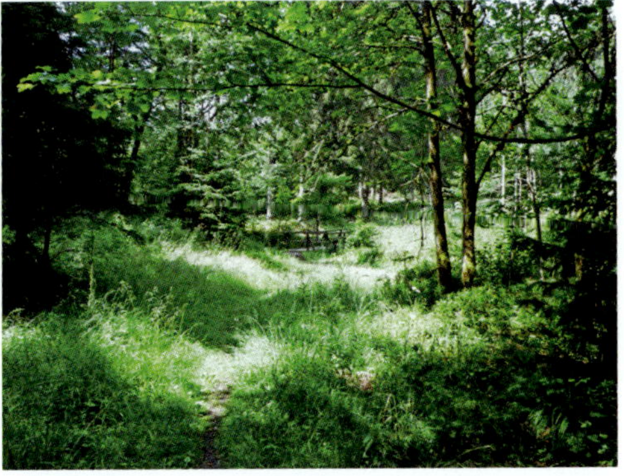

❺ Wasserwanderweg: Polsterberg, Huttaler Widerwaage und vier Seen im Wald

Tour für Wasserläufer, Spaziergänger und Höhenmeterallergiker

Der Wasserwanderweg macht mit dem Huttaler Graben und vier idyllisch im Wald gelegenen Seen seinem Namen alle Ehre. Die Huttaler Widerwaage gehört zu den faszinierendsten Werken der Harzer Wasserbaukunst und das historische Hubhaus, in dem es sich einzukehren lohnt, auch.

Den größten Teil der Zeit wandern Sie durch Fichten- und Mischwälder, die aber immer wieder von größeren Lichtungen und halb offenem Gelände unterbrochen werden. So wechseln sich sonnige und schattige Passagen ab, und auch die Wegbeschaffenheit ist mit schmalen Pfaden, romantischen Schotterwegen und breiten, offenen Forststraßen sehr abwechslungsreich. Die Tour ist vergleichsweise kurz und Sie müssen keine großen Steigungen überwinden.

Start/Ziel: Bushaltestelle „Polsterberg" östlich von Clausthal (wo sich an der B242 auch der Parkplatz Dammgraben befindet), GPS N 51°47.425' E 010°23.690'

6,6 km

2 Std.

90 m/90 m

610-640 m

Durchgehend, aber etwas sparsam beschildert als Wasserwanderweg 12 (WWW 12) – mit Ausnahme der Abkürzung zu Beginn. Auf der ganzen Strecke aber gute namentliche Ausschilderung.

Polsterberger Hubhaus (km 6) mit historischem Gebäude und Garten

Sie finden mehrere Rastplätze und eine Schutzhütte (km 4,7) am Weg.

Entensumpf (km 2)

Kinder freuen sich über die Gewässer und können am Polsterberger Hubhaus draußen herumtollen.

Wenn Sie über die ☞ Variante beginnen, geht es bis zum Entensumpf über befestigte Schotterwege, die auch für normale Kinderwagen geeignet sind. Danach kommen immer wieder mal unbefestigte Teilstrecken mit Wurzeln. Wenn Sie diese scheuen, kehren Sie an der Huttaler Widerwaage (nach 1,5 km) oder am Entensumpf (nach gut 2 km) um. Die Schotterstraße von der Bushaltestelle zum Polsterberger Hubhaus ist kein Hindernis.

Da Sie sich außerhalb des Nationalparks befinden, gilt die Leinenpflicht nur vom 1. April bis zum 15. Juli.

Die Runde ist im Winter eine leichte, aber trotzdem erlebnisreiche Schneeschuhtour.

Parkplätze befinden sich an der Bushaltestelle „Polsterberg" (Parkplatz Dammgraben), am Entensumpf und am Polsterberger Hubhaus. Wenn Sie direkt am Polsterberger Hubhaus parken möchten, folgen Sie der Schotterpiste 800 m in den Wald bis zur Gaststätte.

Es gibt direkte Busverbindungen (Linien 840, ALT840) von Clausthal-Zellerfeld und St. Andreasberg, z. T. mit Anruflinientaxi: ☏ 053 23/400 01.

Der Parkplatz Entensumpf oder der Hirschler Teich sind jeweils nur 2,5 km von Clausthal entfernt, so lohnt sich vielleicht die Anfahrt im Taxi. Auto-Gärtner in Clausthal, ☏ 053 23/400 01; Taxi Küster in Zellerfeld, ☏ 053 23/833 64

Der Wurzelpfad zu Beginn der Wanderung lässt sich umgehen (☞ unten).

Die Tour kann sehr gut mit der Wanderung Altenau – Clausthal (☞ Wanderung 4) und der 18-Seen-Runde (☞ Wanderung 3) kombiniert werden.

Vom Parkplatz Dammgraben an der Bushaltestelle „Polsterberg" überqueren Sie die Bundestraße 242. Direkt gegenüber, am rechten Ende der Haltebucht, führt geradeaus ein unbeschilderter Pfad in den Wald hinein (Wanderer mit Buggy wählen die ☞ Variante). Folgen Sie diesem bergab immer geradeaus und Sie gelangen nach 550 m an einen Rastplatz am ⌘ Huttaler Graben (Martin-Schmidt-Platz).

Falls Ihnen schmale Pfade nicht liegen oder nach Regen zu nass sind, können Sie vom Parkplatz aus der Straße 120 m nach links (Osten) folgen und dann rechts in die Forststraße einbiegen. Nachdem Sie gut 500 m leicht bergab gegangen sind, biegen Sie rechts ab Richtung ✎ Huttaler Widerwaage und erreichen so den Martin-Schmidt-Rastplatz.

Weiter geradeaus (von der Variante kommend nach links, Westen) folgen Sie dem Gewässer auf dem Damm. Unterwegs finden Sie immer wieder Informationstafeln, z. B. an einem mittelalterlichen Schmelzplatz. Der Weg erreicht nach einer Rechtskurve und 1 km (ab Rastplatz) das malerisch unter Laubbäumen gelegene Ausgleichsbecken der Huttaler Widerwaage. Auch hier erläutert eine Tafel das System.

⌘ Die Huttaler Widerwaage wurde gebaut, um bei Trockenheit Wasser aus den Stauteichen im Huttal durch den Berg zum Hirschler Teich zu führen. Durch die vollständig ebene Anlage der Wasserläufe konnten sie den Hirschler Teich – bei

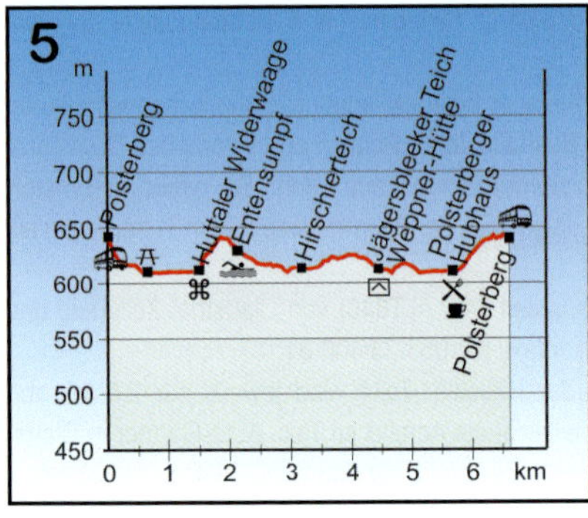

Hochwasser in Gegenrichtung fließend – auch entlasten. Das Hochwasser wurde dann über ein Wehr in das Huttal abgeleitet, wo es keinen Schaden anrichten konnte.

Eine kurze Steigung gilt es nun zu überwinden, dann überqueren Sie eine Wegkreuzung geradeaus (Richtung Nordwesten). Eine schnurgerade Forststraße führt Sie über knapp 500 m zum Entensumpf, der links des Weges durch die Bäume lugt. Der kurze Abstecher lohnt, denn der See liegt ausgesprochen idyllisch im Wald. Die schönsten Uferplätze befinden sich am gegenüberliegenden Ende des Gewässers. Vom Ostufer führt ein schmaler Pfad zur Quelle der Innerste, die über Hildesheim in die Leine fließt.

Die oben genannte Forststraße mündet in den Parkplatz Hirschler Teich an der B242 (Sie können aber auch den Fußpfad nehmen, der links parallel zur Straße verläuft).

Vom Parkplatz überqueren Sie die Straße und folgen dem Weg auf der gegenüberliegenden Seite in den Wald hinein. Nach weiteren 500 m kommen Sie so an einen schönen Rastplatz, der am Ufer des großen Hirschler Teiches liegt.

Sie folgen der Dammkrone. Links unterhalb liegt bald der nächste See, der Obere Pfauenteich. Hier stehen oft Reiher am Ufer. Immer geradeaus, alle Abzweigungen ignorierend, kommen Sie

1 km nach dem Hirschler Teich an den Jägersbleeker Teich, den Sie ebenfalls auf der Dammkrone passieren. An deren Ende liegt die ⛺ Weppner-Hütte malerisch am Wasser (km 4,7). In der offenen Schutzhütte lässt es sich auch bei Regen gut rasten. Bei Sonnenschein werden Sie sich vielleicht lieber auf der Wiese am See niederlassen.

In Verlängerung des Staudammes wandern Sie nun noch einmal 1 km geradeaus zum Polsterberger Hubhaus. (✋ In einer Rechtskurve der Forststraße führt Ihr Weg geradeaus weiter. Die Beschilderung fehlte zur Zeit der Recherche.)

✕ ☕ ⌘ Polsterberger Hubhaus ☞ Wanderung 4

Vom Parkplatz der Gaststätte (km 6) zur Bushaltestelle Polsterberg (km 7) und zum Parkplatz Dammgraben liegen nun nur noch 800 m auf einem Schotterfahrweg mit leichter Steigung vor Ihnen.

Am Wasserwanderweg

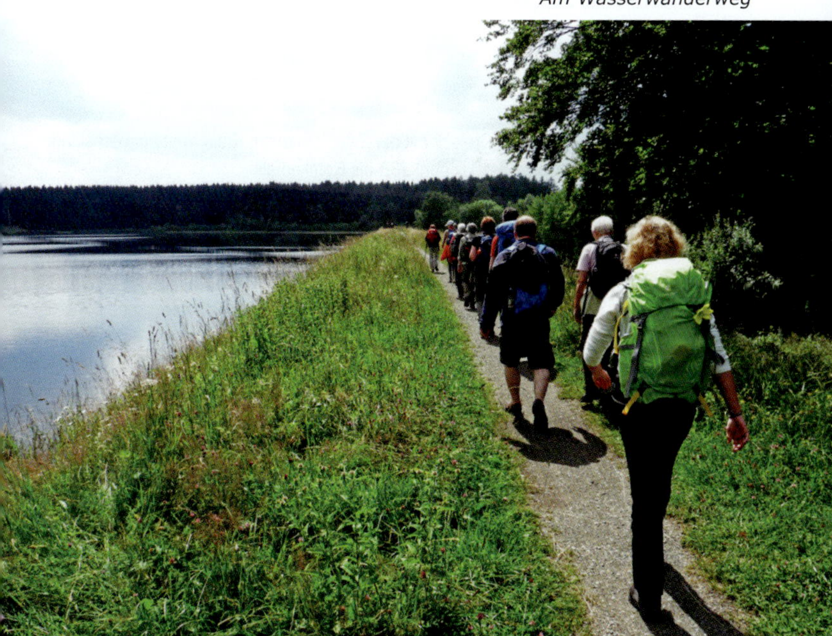

6 Klippen im Okertal

Tour für Naturliebhaber, Felsenfreunde und Weitblicker

Klippen, Klippen, Klippen ... auf dieser Wanderung kommen Sie immer wieder an grandiosen Felsformationen und Aussichtspunkten vorbei. Das Okertal ist tief eingeschnitten und auch ein Kletterparadies. Hier und da hängen an schönen Wochenenden bunt gekleidete junge Leute an langen Seilen von Felsen herab. Die Wege sind sehr abwechslungsreich, etwa zur Hälfte geschotterte Forststraßen und Wanderwege, zur anderen Hälfte abenteuerliche schmale Pfade. Die Route führt oft durch den Wald und ist entsprechend schattig, immer wieder gibt es aber auch längere Passagen in halb offenem Buschgelände. Im dritten Drittel der Wanderung bietet die Oker einige Badegumpen, die aber nur bei sehr sommerlichen Verhältnissen zu empfehlen sind, es sei denn, Sie lassen sich von kühlen Wassertemperaturen nicht abschrecken.

Start/Ziel: Waldhaus Okertal an der B498 zwischen Goslar und Altenau, am südlichen Ortsrand von Oker, GPS N 51°53.100' E 010°28.350'

10 km

3 Std. 30 Min.

380 m/380 m

240-600 m

Rundwanderweg 2: rotes Dreieck mit der Ziffer 2 in rotem Kreis; weitere wechselnde Markierungen: 6K bis Kästeklippen, 23B bis Romkerhalle

Berggasthaus Kästehaus (km 3,5), Königreich zu Romkerhall (km 6)

Am Weg liegen mehrere Rastplätze und eine Schutzhütte, diese allerdings schon bei km 1,8.

Badegumpen in der Oker (km 7)

Für Kinder sind die Felsen und später die Gumpen an der Oker interessant. Sie sollten allerdings schon etwas „steigfähig“ sein.

Die steilen und engen Pfade sind nichts für den Kinderwagen.

Die Runde ist mit dem besten Freund des Menschen gut zu bewandern. Genügend Wasser gibt es aber erst auf der zweiten Hälfte des Weges. Zwischen 1. April und 15. Juli gilt Leinenpflicht.

Die Tour ist im Winter wegen einiger steiler oder felsiger Passagen nur sehr trittsicheren Winterwanderern und Schneeschuhgängern zu empfehlen.

P Wanderparkplatz Waldhaus an der B498. Hier kann vor der geschlossenen Gaststätte Waldhaus oder gegenüber geparkt werden.

 Es gibt etwa stündlich eine Linienbusverbindung von Goslar (Bahnhof am Rand der Altstadt) zum Wanderstart an der Bushaltestelle „Waldhaus", Fahrzeit 20 Min. An den Kästeklippen befindet sich eine gleichnamige Bushaltestelle, die in der Wandersaison mehrfach täglich von Bad Harzburg aus angefahren wird.

 Schwarz Taxen in Goslar (Entfernung 6 km), ☏ 053 21/233 33, 🖳 www.taxi-goslar.com

Vom alten Gasthaus Waldhaus überqueren Sie die Straße und halten sich rechts (Richtung Süden/Altenau). 100 m oberhalb führt eine beschilderte Forststraße in den Wald. Unter anderem sind der Rundwanderweg 2 (rotes Dreieck), der Weg 6K sowie die Kästeklippen mit dazugehörigem Gasthaus angekündigt.

Den Schildern folgen Sie in den Wald hinein, an der nächsten Abzweigung gehen Sie links, an der darauf rechts, dann wieder links und wieder rechts auf der Forststraße. Kurz darauf kann der Aufstieg auf einem schmalen Pfad abgekürzt werden. Dieser ist zwar nicht markiert, aber Sie gelangen ohne Probleme zur nächsten Verzweigung, an der wieder die Käste über den Ziegenrückenweg (✎ Rundwanderung 2) ausgeschildert ist. Nun wird die Landschaft spannend. Der Forstweg wird zu einem schmaleren Schotterweg und das Gelände etwas offener. Hinter einer Biegung überrascht der erste Blick auf die spektakuläre Ziegenrückenklippe. Oben auf der wuchtigen Felsformation thront ein senkrecht stehender Hinkelstein, der selbst Obelix zur Ehre gereicht hätte.

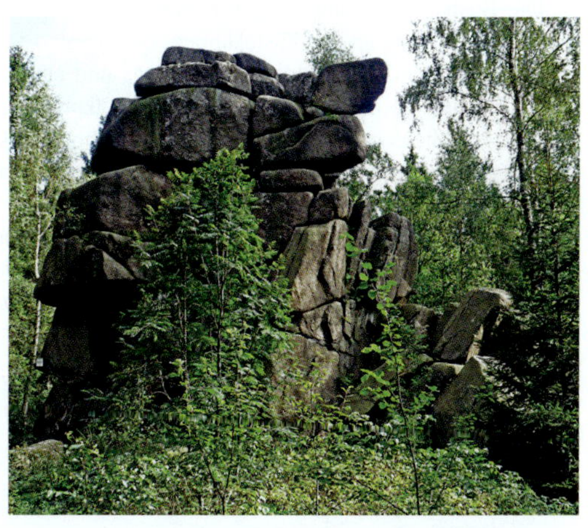

Klippen am Kästekamm

Der bewachsene Schotterpfad führt am Fuße der Klippe um sie herum und steigt nun etwas steiler an. (⇘ Linker Hand zweigt ein Weg ab, der zum Gipfel der Klippe führt.) Geradeaus weiter erreichen Sie Minuten später eine Gabelung mit der ⌂ Schutzhütte Ziegenrücken. Den Schildern nach rechts auf der Forststraße folgend umrunden Sie die links im Wald stehenden Teufelsklippen. Etwas weiter führt links wieder eine Abkürzung auf einem Pfad im Wald aufwärts, dieses Mal aber gut beschildert.

An der Mündung in den Steinebrecherweg wandern Sie wieder rechts auf der Forststraße und passieren weitere Klippen. Dann gelangen Sie an eine Bushaltestelle mitten im Wald.

Kurz vor der Haltestelle können Abenteuerlustige auf spannendem steilen Weg noch einen Abstecher zum 1,5 km entfernten Treppenstein mit toller Aussicht unternehmen, während Genusswanderer so lange in der Berghütte das kulinarische Angebot probieren.

Die Kästeklippen sind auch per Bus (Linie 866) ab Bad Harzburg zu erreichen, Fahrplanauskunft auf der Website des ☞ Kästehauses.

Die Bushaltestelle links liegen lassend sind es nur noch wenige Meter zum Berggasthaus Käste an den Kästeklippen. Bis hier sind Sie im recht steilen Aufstieg bereits etwa 1 Std. ab Waldhaus unterwegs und eine kleine Belohnung in Form von Kaffee und Kuchen auf der Hüttenterrasse (km 3,5) ist wohlverdient. Sie müssen nur entscheiden, ob Sie vorher oder nachher den kurzen Abstecher (80 m) zum aussichtsreichen Huthberg auf den Kästeklippen unternehmen.

Kästehaus: Das Berggasthaus an den Kästeklippen präsentiert klassische Hüttenküche von Currywurst über Leberkäse bis zu Kartoffelpuffern – aber auch Germknödel und leckeren Kuchen gibt es. ☏ 053 21/69 13, www.kaestehaus.de, 10:30 bis 17:00, Mo Ruhetag

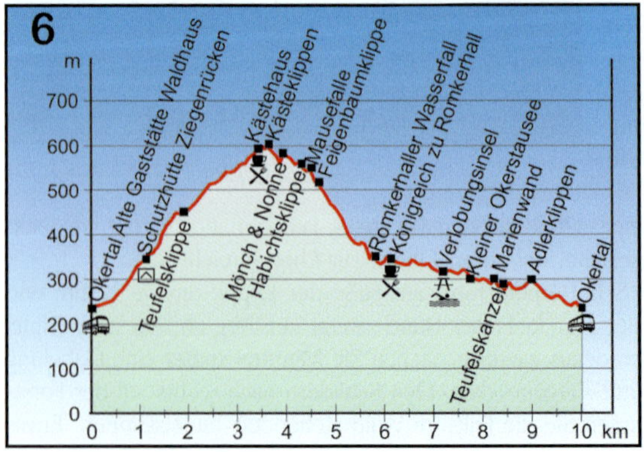

Frisch gestärkt geht es weiter auf dem Rundwanderweg 2, der aber nun in Richtung Romkerhalle und mit der Wegnummer 23B ausgeschildert ist. Schon 100 m hinter dem Kästehaus stoßen Sie auf die nächste Klippe, die Hexenküche.

Nach rechts ist ein lohnender Abstecher (100 m) zur Felsformation Mönch und Nonne markiert. Die sonnige Kanzel hoch über dem Okertal bietet sich als Picknickplatz an, wenn Sie auf die Einkehr im Kästehaus verzichtet haben.

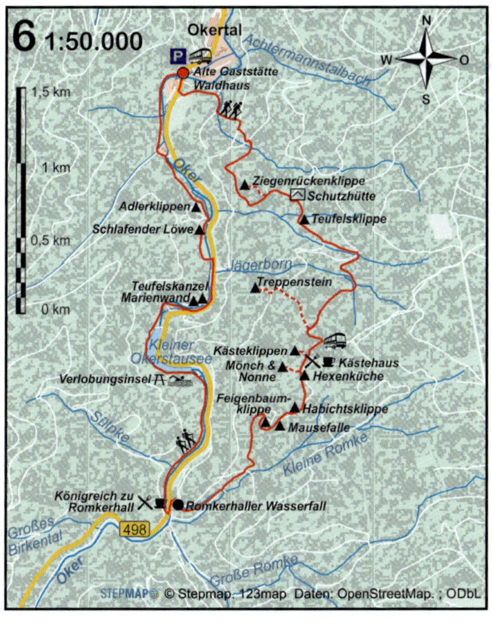

Der Weg wird hinter der Hexenküche bald schmaler. Vorbei an der Habichtsklippe und der Mausefalle folgt als nächstes Highlight die Feigenbaumklippe. Sie ragt besonders mächtig mitten auf der Wanderroute in den Himmel. Mehrere Pfade schlingen sich durch und auf das Felsgewirr. Der einfachste Weg zieht rechts an der Klippe vorbei, aber wenn Sie sich links halten, können Sie auf einem interessanteren Fußpfad die natürliche Burg in einem Dreiviertelkreis umrunden. ☺ Trotzdem sollten Sie sich vorher die Zeit nehmen, die Klippe zu erklimmen und die weite Aussicht von oben zu genießen!

Hinter der Feigenbaumklippe führt der Schotterweg immer steiler abwärts. Auf dem schmalen Weg bleibend überqueren Sie ungeachtet der nach rechts weisenden Schilder die Schotterstraße und biegen erst eine Etage tiefer an der Kleinen Romke nach rechts auf den Damm des Grabens ein. Diesem folgen Sie und gelangen an den Kopf des Romkerhaller Wasserfalls. Der künstlich angelegte Graben verrät, dass der Natur hier etwas nachgeholfen wurde. Das geschah schon 1862 durch König Georg V., der zu Füßen des Falls ein Jagdschloss bauen ließ.

Folgen Sie dem Pfad nach rechts, um bald nach links hinunter kurz, aber sehr steil abzusteigen (✎ Romkerhalle). Der Pfad trifft die Straße gegenüber der Gaststätte Königreich zu Romkerhall (km 6, 🚌).

✕ ☕ Hotel Königreich zu Romkerhall, ☏ 053 29/69 00 53, 💻 www.koenigreich-romkerhall.eu, Gaststätte tägl. von 10:00 bis 20:00. Besonders interessant ist die Geschichte des „kleinsten Königreiches der Welt", die Sie auf der Website oder vor Ort bei der Einkehr in das ehemalige Jagdschloss des Königs Georg V. von Hannover erfahren können.

Sofern Sie nicht hier einkehren wollen, überqueren Sie die Straße und halten sich links, um sofort hinter der Okerbrücke am kleinen Parkplatz in den unscheinbaren Pfad rechts hineinzugehen. Sie befinden sich nun hinter dem Hotel auf dem Uferweg, der wieder mit dem roten Dreieck des Rundwanderweges 2 markiert ist.

Bis zurück zum Ausgangspunkt der Wanderung begleitet Sie nun die Oker. Viele Badegumpen laden im Sommer zur Erfrischung ein, jedoch ist das Wasser oft recht kühl und das Tal schattig. Außerdem sollten Sie bei einem Bad auf steigende und fallende Pegelstände aufpassen. Der Okerstausee weiter oben am Fluss gibt im Tagesverlauf wechselnde Mengen Wasser ab. So saß auch schon manch ambitionierter Wildwasserpaddler – wie der Autor – unverhofft auf dem Trockenen.

Etwas über 1 km hinter der Romkerhalle liegt rechts die „Verlobungsinsel" im Fluss. Eine kleine Bogenbrücke aus Holz führt hinüber. Dort lässt es sich hervorragend picknicken. Kurz hinter der Insel beginnt der kleine Okerstausee, eine romantische Miniaturausgabe des großen Bruders am Oberlauf der Oker.

Unterhalb der Staumauer überquert der Weg den Fluss nach rechts, um der Marienwand und der Teufelskanzel auszuweichen. Die hohen Felsen, an denen auch gern geklettert wird, spiegeln sich im Wasser der Oker und sind vom rechten Ufer aus gut zu betrachten. Der Weg verläuft eine Weile zwischen Oker und Straße und passiert die links der Oker liegenden Felsen mit dem Namen „Frosch" und „Schlafender Löwe", bevor er wieder dort hinüber wechselt. Unerwartet steigt der Pfad noch einmal etwas an, um ein weiteres Kletterparadies, die mächtigen Türme der Adlerklippen, zu passieren. Von hier erblicken Sie zu Ihren Füßen einen Kanal auf Stelzen und auf der gegenüberliegenden Talseite, nachmittags häufig von der Sonne angestrahlt, die Ziegenrückenklippe. Das war die erste Felsbastion auf der heutigen Tour und dementsprechend schließt sich langsam der Kreis. Nach etwa 500 m erreichen Sie ein Anwesen, vor dem Sie sich halb links halten, und nach weiteren 500 an der Oker entlang sind Sie wieder am Waldhaus angekommen.

Wanderungen im Zentrum

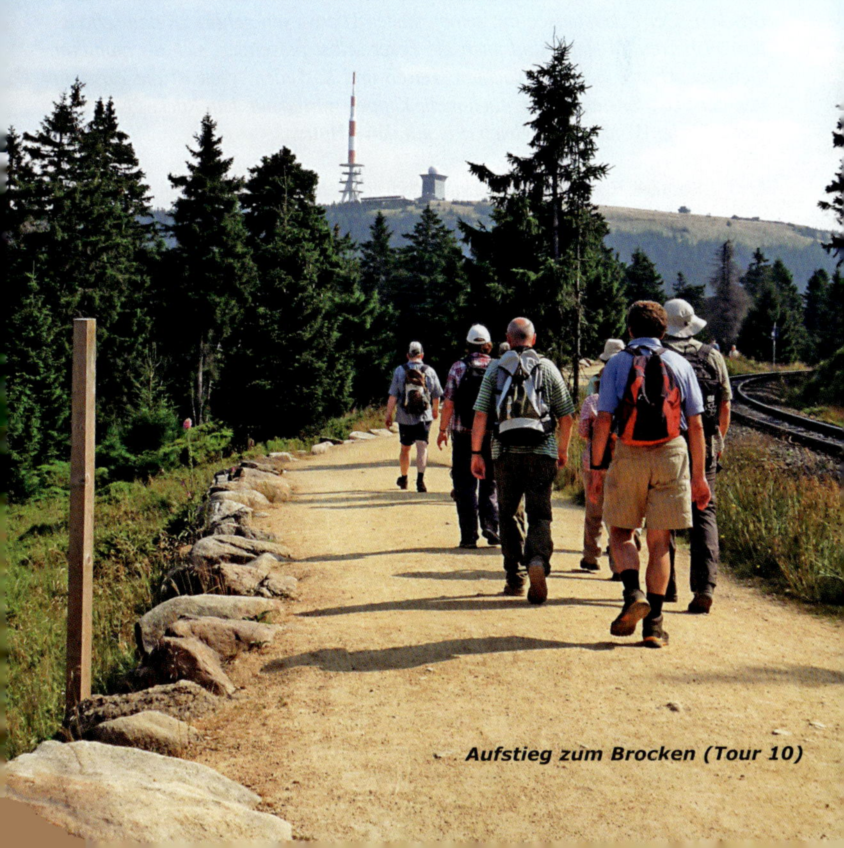

Aufstieg zum Brocken (Tour 10)

7 Am Grünen Band: Eckerstausee und Scharfenstein

Tour für Naturliebhaber, Gipfelstürmer und Wasserläufer

Diese abwechslungsreiche und mit landschaftlichen Highlights gespickte Wanderung verläuft in Form einer Acht, sodass mehrere Varianten und Streckenlängen möglich sind. Schmale Waldpfade, romantische Wanderwege und auch mal ein paar Passagen über Forststraßen verlaufen durch märchenhafte Mischwälder und über verbuschte oder offene Lichtungen. Immer wieder fällt der Blick auf den Brocken. Der Eckerstausee mit seinen steilen Uferwiesen gehört zu den schönsten Talsperren im Harz, und auch die Ecker selbst präsentiert sich als munterer Gebirgsbach mit vielen Schluchten, Felsen und Kaskaden. Weit ist die Aussicht von der Scharfensteinklippe, noch mehr Klippen warten auf dem Rückweg und für das leibliche Wohl sorgen gleich drei attraktive Hütten.

Start/Ziel: Radauwasserfall, 3 km südlich von Bad Harzburg an der B4, GPS N 51°51.195' E 010°32.835'

21 km, mit Abkürzungen oder Buseinsatz in mehreren Stufen reduzierbar

6 Std. 30 Min. für die komplette Runde

490 m/490 m

400-670 m

Rund um den Eckerstausee folgen Sie der blauen Welle des Eckerrundweges (Pioniersteig). Alle anderen Zwischenziele sind namentlich ausgewiesen.

Die einfache Scharfensteinbaude (km 10,3), das beliebte Molkenhaus (km 18) und das Waldgasthaus am Radauwasserfall bieten sich zur Einkehr an. Beim Abstecher auf den Brocken finden Sie auch dort mehrere Gaststätten.

Am Weg liegen mehrere Rastplätze und vier Schutzhütten (km 0,6, km 2,4, km 14,1, km 17,8).

Für Kinder ist die westliche Runde der Wanderung (☞ S. 52) gut geeignet, auch, weil es in der Nähe des Molkenhauses einen schönen Waldspielplatz gibt.

Die komplette Runde ist wegen vieler Wurzelpfade mit dem Kinderwagen nicht passierbar. Es ist aber möglich, über die 4 km lange asphaltierte Zufahrt zum Eckerstausee und auf demselben Weg zurück zu wandern.

Die Route verläuft im Nationalpark, dort müssen Hunde an die Leine. Das kann auf den schmalen Waldpfaden etwas mühsam sein.

Alle beschriebenen Varianten sind auch für Schneeschuhwanderer attraktiv. Bei geringer Schneelage können die Wurzelwege aber etwas sperrig sein.

P Direkt am Radauwasserfall sind die Parkplätze den Gästen der Waldgaststätte vorbehalten. Der Wanderparkplatz liegt 300 m südlich des Wasserfalls, östlich der B4. Wenn Sie aus Richtung Torfhaus kommen: Die Einfahrt ist leicht zu übersehen. Sie gehen von dort ein Stück die Forststraße in den Wald hinein, dann links hinunter, an der Schutzhütte vorbei, über den Bach (die Radau), den Hang hinauf und erreichen die Wanderroute nach 250 m am Hanggraben. An Sonn- und Feiertagen können Sie gegenüber vom Wasserfall am Steinbruch parken.

Busanbindung (Linie 820) etwa stündlich von Braunlage und Bad Harzburg zur Haltestelle „Radau-Wasserfall". Vom Molkenhaus, dem Waldspielgelände und von der Luisenbank fährt in der Saison (April bis Oktober) fünfmal zwischen 11:00 und 18:00 ein Bus (Linie 875) nach Bad Harzburg und zum Radauwasserfall. Informationen unter ☏ 053 22/520 17 oder www.kvg-braunschweig.de

Sie können die Tour verkürzen, indem Sie den Scharfenstein weglassen. Das reduziert die Strecke auf 16 km. Kurze Runde: Wenn Sie den Scharfenstein und die Runde um den Stausee weglassen (☞ S. 52), bleiben immer noch sehr attraktive 9 km.

Teufelsstieg: Sie können vom Radauwasserfall oder Bad Harzburg über den Teufelsstieg auf den ☞ Brocken steigen. Dies ist eine der schönsten Routen auf den höchsten Berg des Harzes (☞ S. 57).

Die Wanderung beginnt an der Bushaltestelle vor dem Waldgasthaus Radau-Wasserfall. Hier lässt es sich am Ende der Tour schön einkehren, sodass das Warten auf den Bus zum Genuss werden kann.

Der Radauwasserfall wurde 1859 zur Förderung des jungen Tourismus angelegt. Der Hanggraben leitet einen Teil der Radau über einen 22 m hohen Felsen, wo das Wasser in einem breiten Schleier wieder zurück in die Radau fällt.

Waldgaststätte Radau-Wasserfall: Bei sonnigem Wetter sitzt man hier im schönen Garten direkt an der Radau und am Wasserfall. Kinder fühlen sich hier wegen des zugänglichen Bachufers, der Spielgeräte und der „Kindereisenbahn" besonders wohl. ☏ 053 22/22 90, www.radau-wasserfall.de, Mai bis Oktober tägl. 10:00 bis 18:00, November bis April nur an den Wochenenden geöffnet

Vom Wasserfall wandern Sie auf geschottertem Wanderweg Richtung Südosten das Tal der Radau hinauf. Sie treffen auf den Hanggraben, der das Wasser zum Fall führt. Das Schild weist Ihnen geradeaus den Fußweg zur „Eckertalsperre 2,8 km". Rechts unten sprudelt die Radau immer wieder über kleine Kaskaden.

Kurz vor Erreichen der Forststraße, an einem Platz mit zwei mächtigen Buchen, halten Sie sich – der Beschilderung Brocken und Eckerstausee folgend – scharf links hinauf und begleiten nun den Lohnbach. Es folgt ein längerer Anstieg auf steinigem Wanderweg, der zweimal eine Treckerspur kreuzt und später auf die asphaltierte Forststraße einmündet.

400 m weiter öffnet sich an der Luisenbank-Schutzhütte der Blick auf den Stausee und den Gipfel des Scharfensteins. Hier liegt eine Bushaltestelle und links könnten Sie schon zum Molkenhaus abkürzen, würden dann aber das schöne Eckertal verpassen.

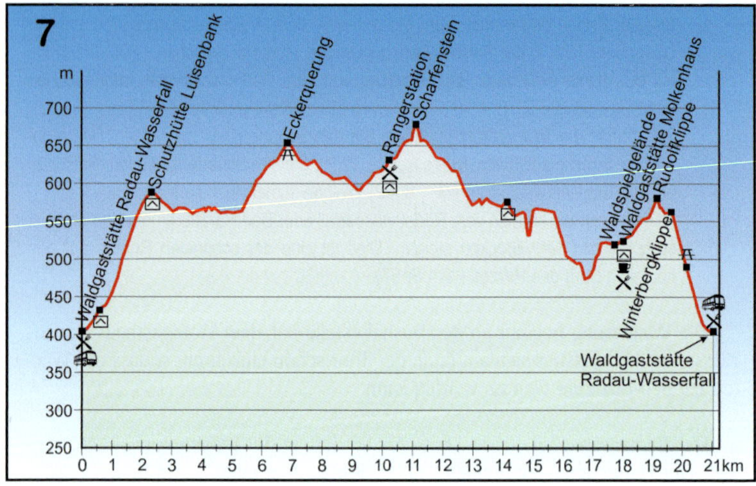

↳ Nach rechts führt der historische „Kaiserweg" (☞ Wanderung 11) über 7 km nach Torfhaus ✗ 🚌.

Sie halten sich geradeaus und folgen der Zufahrtsstraße zur Staumauer.

↳ In einer scharfen Linkskurve zweigt vor der Brücke der Pfad durch das untere Eckertal zum Molkenhaus ab (☞ Kurze Runde). Schon nach 50 m treffen Sie dann auf den von rechts kommenden, weiter unten beschriebenen Rückweg.

Rechts am Weg, kurz vor der Staumauer, bietet ein Brunnen Trinkwasser an. Sie folgen geradeaus den Schildern ✎ „Pionierweg" und gelangen zuerst auf eine Treckerspur und dann an einer Bucht auf den traumhaften Pfad, der ober-

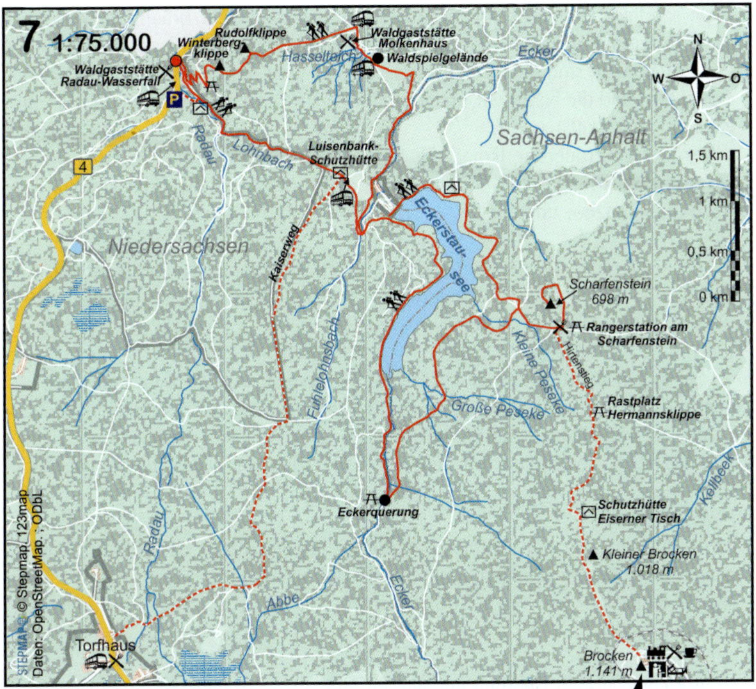

7 1:75.000

Rudolfklippe
Winterbergklippe
Waldgaststätte Radau-Wasserfall
Waldgaststätte Molkenhaus
Hasselteich
Waldspielgelände
Ecker
Sachsen-Anhalt
Radau
Lohnbach
Luisenbank-Schutzhütte
Eckerstausee
Niedersachsen
Kaiserweg
Fuhlelohnsbach
Scharfenstein 698 m
Rangerstation am Scharfenstein
Hirtenstieg
Kleine Peseke
Große Peseke
Rastplatz Hermannsklippe
Kellbeek
Eckerquerung
Schutzhütte Eiserner Tisch
Kleiner Brocken 1.018 m
Abbe
Torfhaus
Brocken 1.141 m
1,5 km
1 km
0,5 km
0 km
STEPMAP © Stepmap, 123map Daten: OpenStreetMap, ODbL

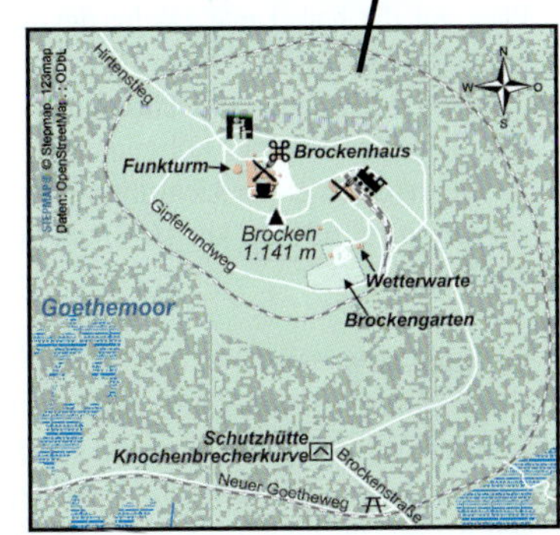

halb des Seeufers durch urwüchsige Vegetation und über sonnige Lichtungen führt. ☞ Das Betreten der Uferlinie und damit auch das Baden sind nicht erlaubt, da im See Trinkwasser gespeichert wird.

Zwischendurch mündet der Pfad in einen kleinen geschotterten Forstweg, der dann aber am Seeende kurz nach einer Treppe (die Sie links liegen lassen) wieder zum Wurzelpfad wird. Dieser leitet Sie am Ufer der wilden Ecker entlang. Rechts tauchen immer wieder hohe Klippen auf, links kämpft sich der Bergbach zwischen den Granitblöcken hindurch.

Viele sandige Gumpen sammeln zwischendurch das leicht bräunliche Wasser, das aus den hoch gelegenen Moorgebieten am Westhang des Brockens stammt. Einige Passagen sind mit Holzplanken versehen, die dem Wanderer das Gehen erleichtern und die Natur vor Erosion schützen. (✋ Die Planken sind in nassem Zustand sehr glatt.)

An der Eckerquerung (km 7, Bank, Scharfenstein) liegen große Felsblöcke im Bach, auf denen Sie das Gewässer – und damit die ehemalige innerdeutsche Grenze – überqueren.

Nach rechts können Sie auf dem Grünen Band zum Eckersprung und dann über den Goetheweg (☞ Wanderung 10) nach Torfhaus (8 km, ✕ 🚌) wandern.

Sie folgen der Treckerspur nach links. Fichtenwald verschiedener Generationen und vereinzelte Lichtungen begleiten den Weg. Von rechts strömen Bäche heran, die nach links Richtung Ecker fließen. Der Weg wird nach und nach zur Forststraße. ✋ Nach Holzarbeiten kann es hier hin und wieder etwas matschig sein.

In einer scharfen Rechtskurve können Sie geradeaus dem Pfad (mit der blauen Welle markiert) folgen, wenn Sie den Scharfenstein auslassen möchten. Sie sparen dadurch 4 km. Nach 300 m kommt von rechts oben der beschriebene Rückweg heran.

Auf einer großen Lichtung mit Wiesen und einzelnen Bäumen öffnet sich der Blick auf die halb kahle Fläche des Scharfensteingipfels. Links des Weges überwächst die Natur die urigen Natursteinmauern einer großen Ruine. Am gegenüberliegenden Ende der Lichtung, einer Kreuzung mit Bank, halten Sie sich rechts (Scharfenstein, der Kolonnenweg links führt nach Ilsenburg).

Die nächste große Lichtung – der Frickenplatz – beherbergt die ✕ Rangerstation (⇧ 630 m, km 10,3) am Scharfenstein, in der Wanderer auch bewirtet werden.

Frickenplatz
Hier befand sich von 1420 bis zum Ende des 19. Jh. eine Alm, dann bis zum Zweiten Weltkrieg ein Forsthaus mit Bewirtung. Nach dem Krieg bauten die Grenztruppen der DDR eine Kaserne, die nach der Wiedervereinigung abgerissen wurde. Im neuen Nationalpark entstand 2002 die Rangerstation, in der – wie früher im Forsthaus – Gäste auf einfache Weise bewirtet und mit Informa-

tionen versorgt werden. 01 60/714 88 27, tägl. 10:00 bis 16:00. Auf dem schönen Rastplatz vor der Station kann die mitgebrachte Brotzeit verzehrt werden.

→ Von der Rangerstation führt der Kolonnenweg knapp 4 km durch abwechslungsreiche Landschaft zum Brockengipfel hinauf (Wanderung 10, Exkurs „Der Brockengipfel").

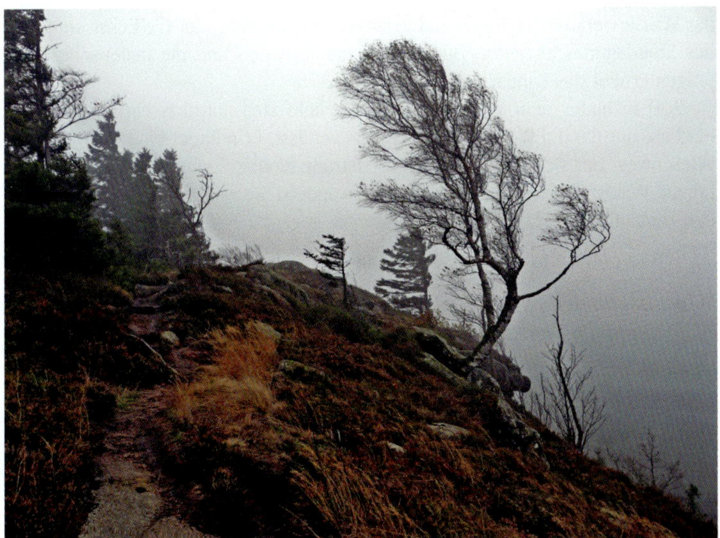

Wetterkapriolen auf dem Scharfenstein

Der Pfad auf die 800 m entfernte Scharfensteinklippe (⇧ 698 m) beginnt etwas unscheinbar direkt hinter der Rangerstation, noch vor dem grünen Geräteschuppen. Von oben eröffnen sich weite Ausblicke auf Eckerstausee und Brocken, aber auch die Klippen selbst sind beeindruckend.

Auf demselben Weg zurück steigen Sie bis zur Kreuzung an der unteren großen Lichtung ab, um dann dem Schild „Staumauer 2,0 km" zu folgen. Am unteren Ende einer steinigen und wurzeligen Passage treffen Sie auf einen weiteren Wegweiser (hier kommt von links die oben erwähnte Abkürzung heran). Sie wenden sich auf der Treckerspur nach rechts (Ecker-Staumauer). Bald öffnen sich nach links Weitblicke über den See und die ihn umgebenden Wiesen.

An einer Schutzhütte (km 14,1) mit dem Gedenkstein für Hermann von Frankenberg – einem früheren Vorsitzenden des Harzclubs – zweigt der Pfad zur Staumauer links ab. Hoch über dem See verlaufend, ist dies ein weiterer wunderbarer Wegabschnitt, der schließlich in die Staumauer mündet.

Hinter der Staumauer, über ein paar Stufen hinauf, kommen Sie wieder an die Trinkwasserstelle, die Sie vom Hinweg kennen. Folgen Sie der Zufahrtsstraße zurück bis an die Straßengabelung, an der gegenüber zwischen zwei Leitplanken ein Pfad beginnt. Diesem folgen Sie kurz darauf rechts und immer abwärts, lassen das Wasserwerk rechts liegen und gelangen auf den Weg, der die Ecker unterhalb des Staudammes begleitet. Buchenwald, steile Felsen und die malerische Ecker prägen erneut das Landschaftsbild.

900 m hinter dem Wasserwerk zweigt links steil aufwärts ein beschilderter Pfad ab, der das Tal Richtung Molkenhaus verlässt. Er mündet bald oben in einen Wiesenweg, der sich eben zu einer Forststraße hinüber zieht. Dort rechts hinunter, am Waldspielgelände vorbei, wandern Sie, sich halb links haltend, auf den romantischen Hasselteich zu. Dahinter liegt die Waldgaststätte Molkenhaus.

Das Molkenhaus bietet eine verlockende Einkehr. Im Sommer können Sie im Biergarten (einige Bänke sind überdacht) auch Ihre mitgebrachten Speisen verzehren, wenn Sie die Getränke beim Wirt bestellen. ☏ 053 22/78 43 44, www.molkenhaus.de, November bis März 11:00 bis 16:00, April bis Oktober 10:00 bis 17:30, Do Ruhetag. Für komplette Selbstverpflegung steht in der Nähe ein Grillplatz zur Verfügung.

Die Bushaltestelle „Molkenhaus", ein paar Meter weiter, verbindet das Waldgasthaus im Sommerhalbjahr mit Bad Harzburg und dem Radauwasserfall (☞ oben).

Hinter Molkenhaus und Bushaltestelle biegen Sie an zwei großen Buchen links ab (Radauwasserfall). Ein Forstweg zieht sich gerade durch halb offenes Gelände mit Brombeeren, Sträuchern, abgestorbenen Fichten und Baumstümpfen. An einem Linksknick folgen Sie geradeaus dem Schild „Radauwasserfall". Der Weg wird romantischer, Buchengehölze übernehmen die Vorherrschaft.

Es lohnt der beschilderte 50-m-Abstecher nach rechts zur Rudolfklippe. Hier können Sie schön unter Buchen auf den Felsen rasten.

Weiter geht´s durch offenes Gelände mit Brombeergebüschen und jungen Laubbäumen. Die nächste Klippe, die Winterbergklippe, liegt direkt am Weg. Der Blick geht bis Bad Harzburg. Wochentags hört man hin und wieder aus der Ferne die Sprengungen des Gabbro-Steinbruchs.

Zwischen Buchen und Felsen windet sich der Wanderweg in einem Linksbogen hinab und trifft an einem Rastplatz auf einen querenden Schotterweg. Gehen Sie kurz nach rechts, dann sofort links hinunter und über Serpentinen in Richtung Radauwasserfall. Am Hanggraben treffen Sie auf den Hinweg.

Statt über den Hinweg zurückzuwandern, können Sie entlang des Grabens zum oberen Ende des Falls gelangen. Nach dem Blick in die Tiefe gehen Sie noch ein Stück weiter, laufen auf dem Bergpfad links abwärts und kommen bald am Fuß des Radauwasserfalls an.

Anschluss nach Bad Harzburg: Vom Radauwasserfall können Sie auf dem Philosophenweg der Beschilderung noch 2,7 km bis Bad Harzburg folgen.

Kurze Runde: Der westliche Teil des beschriebenen Achters ist schon eine schöne Wanderung für sich. Mit einem Abstecher bis zum Stausee warten hier 9 km und 330 Höhenmeter auf Sie, für die Sie 2 Std. 30 Min. Gehzeit einplanen sollten. Am Waldspielgelände und am Molkenhaus befinden sich Bushaltestellen, über die Sie die Tour weiter verkürzen könnten. Diese Runde ist gut für Familien geeignet.

Teufelsstieg: Zum Brockengipfel starten Sie ebenfalls am Radauwasserfall. Sie biegen kurz vor der Staumauer auf den Teufelsstieg ein, der von Bad Harzburg über das Molkenhaus heraufkommt und auf dem hier beschriebenen Rückweg am Scharfenstein vorbeiführt. Dabei haben Sie auf dem kürzesten Weg 20 km, 730 Höhenmeter und 6 Std. 30 Min. Gehzeit zum Gipfel und zurück vor sich. (Kürzer ist der Abstieg vom Brocken zur Bushaltestelle nach Torfhaus, Wanderung 10). Folgen Sie der beschriebenen Route bis zum Eckerstausee, halten Sie sich dann aber links über die Staumauer, um den See nordöstlich zu umgehen (auf dem oben beschriebenen Rückweg). Die Route ist gut beschildert. An der Scharfensteinbaude halten Sie sich rechts und folgen dem steilen Kolonnenweg auf Betonplatten – die vermutlich der Teufel hier installiert hat – knapp 4 km aufwärts bis zum Brocken.

Langstreckenwanderer bewältigen den Brockenaufstieg zusätzlich zum kompletten Ecker-Achter und kommen so auf 29 km. Bedenken Sie, dass die Wurzelpfade Konzentration erfordern!

8 Torfhaus: Märchenweg, Oderteich und Sonnenberg

WC

Tour für Naturliebhaber, Wasserläufer, Badenixen und Pfadfinder

Der abenteuerliche Märchenweg zwischen Torfhaus und Oderteich macht seinem Namen alle Ehre. Er zieht sich als Pfad durch eine wirklich märchenhafte Landschaft aus lichten Wäldern und Mooren. Am ebenfalls märchenhaften Oderteich warten perfekte Badestellen, und der Weg am Clausthaler Flutgraben zwischen Bruchberg und Sonnenberger Moor gehört nicht nur wegen seiner Aussichten auf den Brocken zu den schönsten Wanderwegen im Harz.

Bis zum Oderteich wandern Sie auf naturnahen Erd-, Wurzel- und Bohlenwegen. Den See begleiten Schotterwege, danach geht es bis Sonnenberg über Erdpfade, die nach Regen etwas matschig sein können. Später prägen Graswege und die aussichtsreichen Fußwege entlang des Kanals die Route. Während Sie auf der ersten Hälfte der Route viel Schatten finden, ist die zweite recht sonnig.

Start/Ziel: Nationalpark-Besucherzentrum in Torfhaus zwischen Bad Harzburg und Braunlage, GPS N 51°48.160' E 010°32.230'

14,3 km

4 Std.

160 m/160 m

730-830 m

Die Route ist sehr gut markiert. Bis kurz vor den Oderteich folgen Sie der Hexe mit dem B (Wegnummer 12C). Westlich des Sees bis zur Staumauer hilft ein gelber Punkt (18E), weiter nach Sonnenberg ein blauer Balken (9C). Ab Sonnenberg folgen Sie dem blauen Dreieck (18C) bis zur Landstraße 504 vor Torfhaus. Anschließend können Sie den Schildern „Torfhaus" (18B, roter Balken) folgen.

Am Start/Ziel in Torfhaus finden Sie mehrere Gaststätten. Die Zukunft der Gaststätte Altes Forsthaus in Sonnenberg (km 7) ist ungewiss.

Sie finden in größeren Abständen schöne Rastplätze, z. B. am Abzweig Sonnenkappe (km 2,8), am Damm des Oderteiches (km 5) oder kurz vor dem Clausthaler Flutgraben (km 8,8). Eine Schutzhütte gibt es unterwegs nicht.

Der kleine Ort Torfhaus bietet mehrere Souvenirläden als Teile der Nationalpark- und Touristinformationen. Außerdem können Sie in der Filiale von Globetrotter Ihre Wanderausrüstung aufstocken (tägl. 10:00 bis 18:00).

WC Toilette im Besucherzentrum des Nationalparks am Start/Ziel

Oderteich (km 4,5)

Der gesamte Weg ist für viele Kinder sicher etwas lang. Sie können den Märchenweg bis zum Oderteich gehen, dann umkehren und über die Abkürzung Sonnenkappe den Clausthaler Flutgraben erreichen. Baden ist am Oderteich (km 4,5) schön. Davor, an der Rotenbeekbrücke (km 3), liegt ein attraktiver Platz zum Spielen und Rasten am Bach.

Für Buggys sind die wurzeligen Wege nicht geeignet.

Da Sie sich im Nationalpark befinden, besteht Leinenpflicht auf dem gesamten Weg. Auf den schmalen Pfaden kann das etwas mühsam sein.

Die Route verläuft immer wieder auf oder neben der Loipe und ist daher bei Schneelage weniger zu empfehlen.

Sie finden mehrere kostenpflichtige Parkplätze in Torfhaus an der B4, kostenlos können Sie am Skilift Rinderkopf an der L504 parken. Parkplätze gibt es außerdem auch am Oderteich und in Sonnenberg.

Es gibt stündlich gute Busverbindungen von Braunlage und Bad Harzburg nach Torfhaus zur gleichnamigen Bushaltestelle.

Die Busverbindung nach Altenau (Entfernung 8 km) ist etwas umständlich. Da hilft Taxi Körber, Altenau, ☏ 053 28/262.

Die Abkürzung Sonnenkappe verkürzt die Rundwanderung auf 8 km, ohne dass der Erlebniswert leidet.

Sie starten am Nationalpark-Besucherzentrum (☞ S. 74). Östlich der B4 verläuft ein Wanderweg 500 m bis zum Beginn des Goetheweges. Hier gehen Sie kurz links von der Straße weg (Brocken), sofort aber wieder rechts auf einen schmalen Weg und gleich noch mal rechts auf einem Pfad am Kanal entlang zur B4. Hier wechseln Sie die Straßenseite und folgen Richtung Südwesten den Symbolen mit weißer Hexe auf grünem Punkt, die mit einem B versehen ist (auch grünes Dreieck, 12C). „Sonnenkappe", „Oderteich" und „Märchenweg" sind ebenfalls auf den Schildern zu lesen.

Der Fahrweg ist zunächst mit Steinen und Schotter befestigt. Er geht dann aber in einen rustikalen Pfad über, der sehr abwechslungsreich durch lichte Wald- und Moorgebiete führt. Matschige Wegstücke werden auf dicken Planken passiert, kleine Holzbrücken überwinden murmelnde Wasserläufe. Licht und Schatten wechseln ständig und geben der Landschaft eine enorme Tiefe. So erreichen Sie eine erste Abzweigung (km 2,8). Wer stark verkürzen will, kann jetzt schon nach rechts über die Sonnenkappe abschneiden (☞ S. 60). Ich würde aber in jedem Fall erst mal links (Hexe B) zur nächsten Gabelung weitergehen. Dort liegt an der Rotenbeekbrücke ein schöner Platz zum Rasten und Spielen am Bach. Nicht nur Kinder kommen hier in Versuchung, wasserbauliche Maßnahmen durchzuführen.

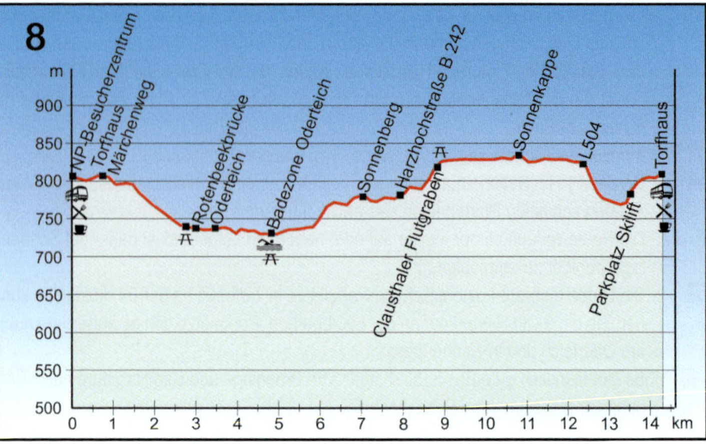

Abkürzung Sonnenkappe: Um die Wanderung auf die Hälfte zu kürzen, gehen Sie von hier wieder 200 m zurück und über die Sonnenkappe zum Clausthaler Flutgraben (18C). Sie können zuvor auch noch 500 m weiter zum wirklich schönen Oderteich laufen und erst dann umkehren und über die Sonnenkappe abkürzen. Den südlichen Teil der Runde können Sie dann an einem anderen Tag ab Sonnenberg oder Oderteich nachholen.

Am Oderteich

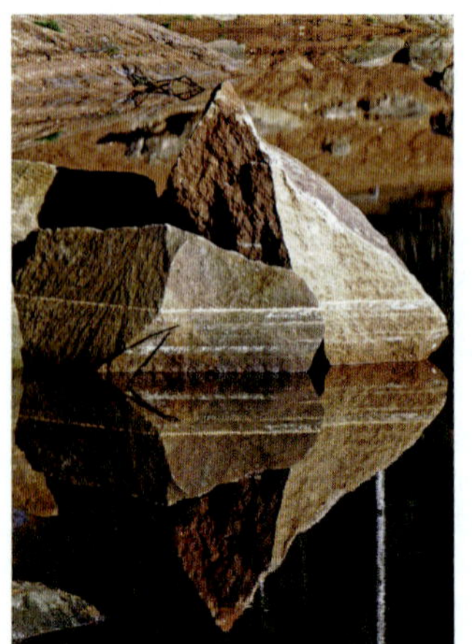

Von der Rotenbeekbrücke (nicht überqueren) wandern Sie weiter auf Weg 18E (gelber Punkt) am Westufer des Oderteiches entlang. Der Waldpfad wird nach und nach zum Schotterfahrweg. Gut 1 km hinter der Oderbrücke gehen Sie nach links hinunter zum schönen offiziellen Strand und nach weiteren 700 m ist hinter dem „Hühnerbrühe-Graben" (der heißt wirklich so) das Seeende erreicht (km 5).

Aus der Vielzahl der Schilder suchen Sie sich das aus, welches Ihnen nach rechts über die Route 9C (blauer Balken) den Weg ins

2 km entfernte Sonnenberg weist. Der Weg wird zu einer breiten Schneise, auf der im Winter die Loipe und im Sommer ein unbefestigter Pfad nach Sonnenberg führt. Nach Regenwetter kann es hier teilweise matschig werden.

Kurz vor Sonnenberg tauchen erste Befestigungsmaßnahmen auf, hier überwinden Knüppeldämme die morastigen Stellen. Der Weg endet auf dem Parkplatz, an dem Sie sich rechts zur Bushaltestelle wenden. Sie überqueren die Straße (B242) und folgen parallel zu ihr dem schmalen Wiesenpfad, der in Richtung Nordwesten mit 18C und blauem Dreieck ausgeschildert ist. Bis nach Torfhaus zurück sind es nun noch 7,5 km.

Eine merkwürdig breite Brücke mitten in der Wiese zeigt, dass auch hier im Winter eine Loipe verläuft. Der Wiesenpfad steigt dahinter leicht an und mündet in ein Stück Asphalt. Überqueren Sie hier hinter dem Verkehrsschild die Straße (✋ Verkehr!), dann wandern Sie auf der gegenüberliegenden, grasbewachsenen Schotterstraße stetig steigend durch jungen Wald mit alten, toten Baumriesen, bis links ein Picknickplatz zur Rast einlädt (km 8,8). Kurz danach mündet der Weg am ⌘ Clausthaler Flutgraben rechts in den Kanalweg.

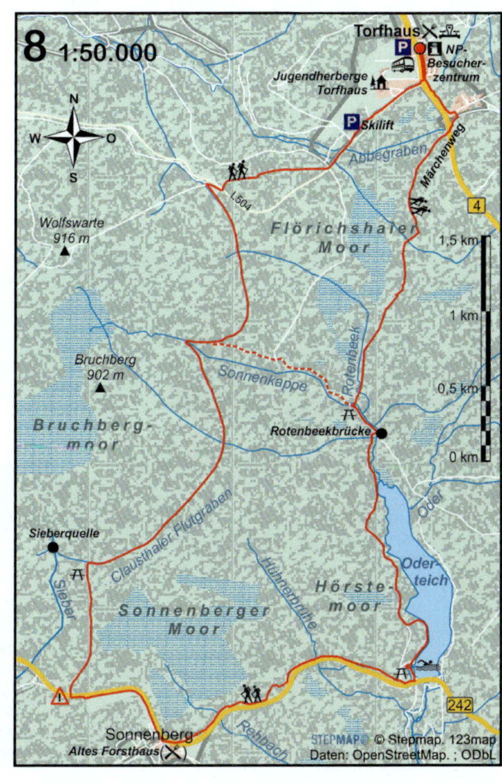

Der schmale Fußpfad am Kanal entlang verläuft ohne Steigungen. Die Landschaft ist traumhaft. Offenes Gelände wechselt mit baumreichen Passagen. Viele silbrige Stämme der geschädigten

Fichtenforste ragen noch wie Skelette in den blauen Himmel. Dazwischen entwickelt sich die Natur so wild und regellos, als wolle sie einen Gegenentwurf zu den vergangenen Monokulturen anbieten. Im schmalen, träge dahinfließenden Kanal spiegeln sich Blumen, Heidekräuter und die Gräser der steilen Ufer. Hier tauchen immer wieder Blaubeerbüsche auf.

Während nach links das Gelände zum Bruchberg mit der Wolfswarte (☞ Wanderung 9) ansteigt, eröffnen sich nach rechts weite Blicke zum Brocken. Nach 2 km am Wasserlauf biegt dieser am Fehlschlag Sonnenkappe scharf rechts um. Kurz darauf kommt von rechts der ↳ Abkürzungspfad vom Märchenweg herauf.

Beide Varianten folgen weiter dem Kanal, bis Torfhaus sind es noch 4,4 km. Schon nach 2,5 km erwartet Sie an der Kreuzung des Flutgrabens mit dem Wolfswarter Fußweg ein Schild, das Ihnen nach rechts den Weg 18B (roter Balken) Richtung Torfhaus weist.

An einem Wanderparkplatz wird die Straße überquert, dann folgt eine steinige Passage im Wald bis zur Bushaltestelle „Magdeburger Weg". Hier gehen Sie kurz links in den Wald hinunter und sofort wieder rechts. Über einen schmalen Waldweg erreichen Sie den Parkplatz am Rinderkopf. Parallel zur Straße führt ein Fußpfad vorbei an der Jugendherberge nach Torfhaus hinein.

Am Sonnenberg

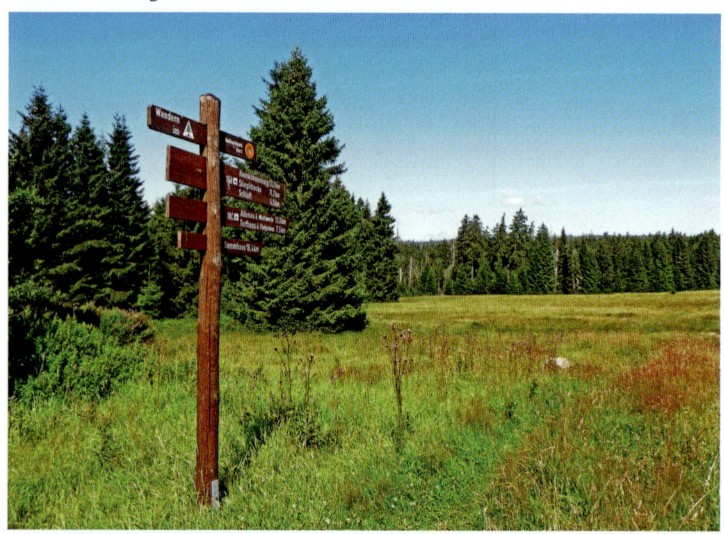

9 Durch die Steile Wand zur Wolfswarte

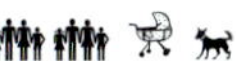

Tour für Waldläufer, Pfadfinder und Gipfelstürmer

Die abenteuerliche Wanderroute begleitet im ersten Teil fast eben einen alten Kanal, der zum Weltkulturerbe Harzer Wasserregal gehört. Später werden die Pfade immer schmaler und alpiner, mit Wurzeln und Granitfelsen. Der stetige Anstieg wird mit der Felsformation Wolfswarte belohnt, die eine fantastische Aussicht über den Westharz und zum Brocken präsentiert. Die Wanderung verläuft überwiegend im Wald mit vielen kleinen Lichtungen. Häufig begleiten Blaubeerbüsche den Weg.

↻ Start/Ziel: Kreuzung der Landstraße Altenau – Torfhaus (L504) mit dem Dammgraben bei Höhenlinie 600 m (Schild), GPS N 51°47.988' E 010°28.854'. Alternativ können Sie auch in Torfhaus oder Altenau starten (☞ Varianten).

10 km

3 Std.

320 m/320 m

600-918 m

Die Route ist durchgehend gut markiert: „Hexenstieg" bis Torfhaus, roter Balken zur Wolfswarte, rotes Dreieck am Butterstieg, die letzten 750 m am Dammgraben wieder „Hexenstieg".

Es gibt mehrere Gaststätten mit Biergärten in Torfhaus (km 5,5, ↳) und Altenau (↳), direkt am Weg keine.

Am Wegesrand finden Sie nur selten mal eine Sitzbank, aber bei gutem Wetter bietet sich der Gipfelbereich der Wolfswarte (km 6,5) zum Picknick an. Auf die Schachtkopfhütte (km 1) treffen Sie recht früh, aber die Altenauer Hütte (km 7) unter der Wolfswarte eignet sich perfekt für eine Mittagspause.

Für Kinder reizvoll sind die naturnahen, abenteuerlichen Wege, die Granitklippen und die Wasserläufe. ↳ Bei Start/Ziel in Altenau können Sie am Ende das Waldschwimmbad ansteuern.

Für den Kinderwagen sind nur die ersten 2,5 km der Strecke sowie die letzten 750 m gut geeignet. Aber auf dem Fußweg am Dammgraben können Sie mit dem Kinderwagen in beide Richtungen sehr schön spazieren gehen (nach Nordosten 2,5 km, nach Südwesten 5 km).

Nur der Anfang und das Ende der Wanderung verlaufen außerhalb des Nationalparks. Auf dem größten Teil der Strecke gilt daher Leinenpflicht.

❄ Bei Schneelage ist die Wanderung wegen der engen Wege im Steilgelände nur trittsicheren Wanderern und Schneeschuhgängern zu empfehlen.

P Der Wanderparkplatz liegt an der stillgelegten Bushaltestelle Dammgraben an der L504 (dort steht etwas oberhalb an der Straße ein Schild: 600 m ü. NN). Alternativ, bei Start in Torfhaus, empfiehlt sich der Wanderparkplatz am Skilift an der L504. Hier können Sie direkt in den Wolfswartenweg einsteigen.

Es gibt gute Busverbindungen nach Torfhaus zur gleichnamigen Bushaltestelle aus Richtung Braunlage und Bad Harzburg, nach Altenau von Clausthal-Zellerfeld.

Ab Altenau: Die Wanderung kann in Altenau begonnen und beendet werden. Sie verlängert sich dadurch um etwa 4 km bzw. 1 Std. (☞ S. 65). ☺ In Altenau können Sie zum Abschluss der Wanderung das Waldschwimmbad Okerteich oder die Kristalltherme „Heißer Brocken" genießen.

Ab Torfhaus: Bei Start an der Bushaltestelle Torfhaus verlängert sich die Tour um knapp 2 km.

Die Wanderung startet an der Bushaltestelle Dammgraben. Sie wird seit 2012 nicht mehr angefahren, aber das Haltestellenschild steht noch dort (Stand 2017). Hier befindet sich auch ein Wanderparkplatz. Die Stelle ist gut zu finden, weil etwas oberhalb an der Landstraße 504 zwischen Altenau und Torfhaus ein Schild die 600-m-Höhenlinie markiert.

Hier fließt ein kleiner Wasserkanal, der Dammgraben, unter der Landstraße hindurch. Neben dem Kanal verläuft ein bequemer Wanderweg. Ohne die Straße zu überqueren, folgen Sie dem Dammgraben entgegen der Fließrichtung (✎ grünes Schild Hexenstieg, Wasserrad auf blauem Grund, roter Punkt im weißen Dreieck).

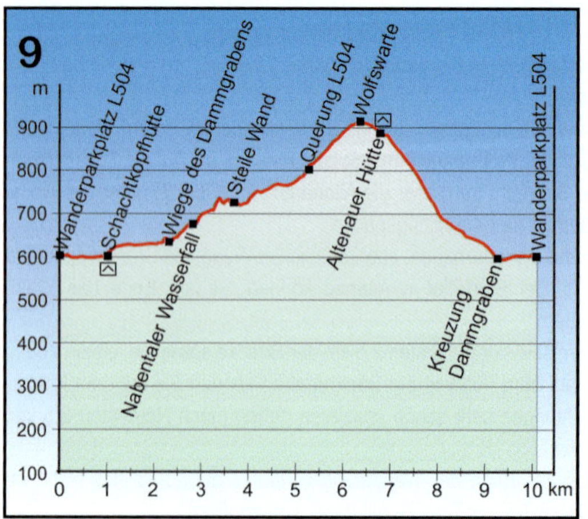

Immer entlang des Grabens geht es nun eben und bequem durch den Fichtenmischwald dahin. Eine angenehme Strecke, um sich

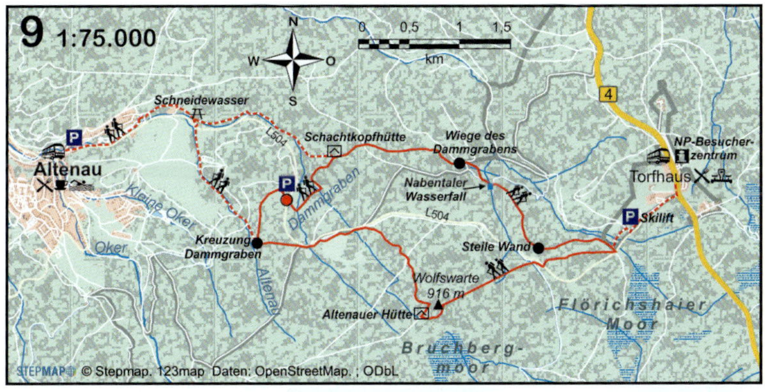

warm zu laufen. Rechter Hand erklärt bald ein Schild die Verlandungsprobleme der Kanäle und danach tauchen auf den Lichtungen immer mehr Blaubeerbüsche auf, die Sie den ganzen Tag begleiten werden. Ab Mitte Juli sind die Heidelbeeren reif und bieten eine fruchtige Ergänzung zum eigenen Proviant. Bald erreichen Sie eine kleine Lichtung, den Förster-Ludwig-Platz mit der einfachen Schachtkopfhütte (km 1).

Hier kommt von links der Weg von Altenau herauf. Wenn Sie Ihre Wanderung in Altenau beginnen und beenden möchten, dann starten Sie von der Bushaltestelle „Altenau Markt" im Zentrum des Ortes. Gehen Sie ein Stück neben der Straße Richtung Osten (L504 Richtung Torfhaus) und überqueren Sie am Kräuterpark den Bach. Der markierte Weg Nr. 18K führt auf der anderen Seite des Baches Schneidewasser parallel zur Landstraße weiter. Sie passieren einen Teich, umgehen ein Haus und erreichen den schönen Rastplatz am Schneidewasser. Dann steigen Sie parallel zur Landstraße an, bis Sie nach insgesamt 3 km die Schachtkopfhütte erreichen. Auf dem Rückweg steigen Sie vom Dammgraben direkt nach Altenau ab (☞ S. 68).

Beim Weiterwandern steigen Weg und Kanal erstmalig kurz etwas an und das Wasser rauscht Ihnen entgegen.

Folgen Sie weiter den Markierungen des Hexenstieges Richtung Torfhaus – Magdeburger Weg – Steile Wand und ignorieren Sie die Abzweigungen. Im Unterholz des Fichtenwaldes wächst die nächste Baumgeneration mit Buchen, Erlen und Ahorn heran.

Nach 2,3 km erreichen Sie die „Wiege des Dammgrabens". Eine interessante Tafel informiert über die Funktion von Wasserläufen und Gräben im Oberharzer Wasserregal.

Hinter der Wiege des Dammgrabens folgen Sie dem nun ohne Kanalbegleitung ansteigenden Weg. Überqueren Sie die folgende Kreuzung geradeaus, gegenüber steht ein Holzwegweiser. Kurz danach an einer Gabelung steht noch ein Wegweiser, dem Sie nach halb rechts folgen (Hexenstieg, Richtung Torfhaus).

Nun steigt der Weg stetig an. Bald erreichen Sie 50 Höhenmeter über dem Dammgraben den nächsten Graben, dem Sie wieder gegen die Fließrichtung folgen. Wenige Meter weiter stehen Sie am Nabentaler Wasserfall mit Infotafel zur historischen Wasserwirtschaft.

Nun entfernt sich die Route vom Graben und steigt als steiler werdender, steiniger Fußweg an. Folgen Sie der (nun häufig weißen) Markierung des Hexenstieges, alle Abzweigungen können Sie ignorieren. Der Weg wird zum spannenden Waldpfad mit Wurzeln und Steinen, dann zieht er sich als schmaler Bergpfad durch die „Steile Wand". Rechts über Ihnen ragen Granitfelsen auf, der Wald wird immer uriger mit umgestürzten Baumstämmen, die mit Moosen, Farnen und Pilzen bewachsen sind.

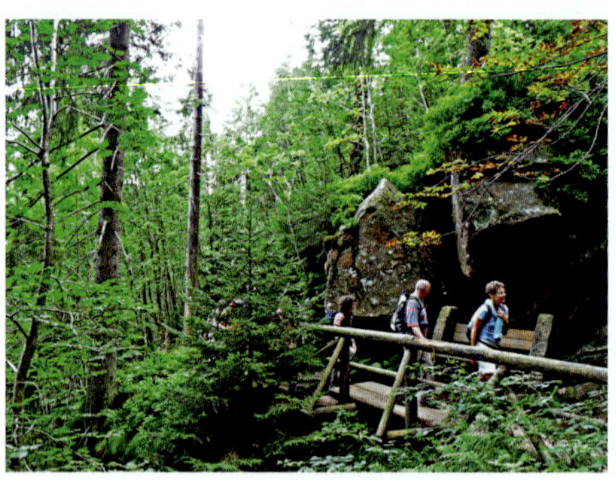

Der Magdeburger Weg in der Steilen Wand

Die Felsen rücken nun immer näher an den Bergpfad heran und der Wanderer fühlt sich wie in den Alpen. Die Landschaft wird noch felsiger, auch auf dem Weg liegen große Findlinge, an die sich die Baumwurzeln krallen. Der Pfad verzweigt sich hin und wieder, die Stränge führen aber wieder zusammen. Sie sollten einfach grob die Richtung halten und die Symbole des Hexenstieges beachten.

Hinter der Steilen Wand wird die Umgebung wieder etwas flacher. Der Weg steigt dafür nun stärker an. Am sogenannten Geheimratsplatz verzweigen sich mehrere Wegstränge. Bleiben Sie rechts auf dem deutlichsten Strang, der gerade auf die Straße zuführt. (Links führt der Hexenstieg 1 km weiter nach Torfhaus, wo Sie in mehreren Gaststätten einkehren können.)

Start in Torfhaus: Wenn Sie Ihre Wanderung im 1 km entfernten Torfhaus beginnen, gehen Sie auf Weg 10G an der Landstraße Richtung Altenau (L504) bis zum Einstieg in den Magdeburger Weg. Geradeaus beginnt der Wolfswartenweg.

Vor der Straße führt der Wolfswartenweg nach rechts. Parallel zur Straße geht es dann auf einem naturnahen Waldpfad weiter, der nach knapp 800 m die Straße kreuzt (Wolfswarte). Auf der anderen Seite liegt ein kleiner Parkplatz, hier wandern Sie halb rechts auf dem Pfad weiter, der etwas später den Clausthaler Flutgraben und den ihn begleitenden Fußweg kreuzt. Der Weg wird immer mehr zum Bergpfad, der sich ziemlich gerade nach Südwesten auf die Wolfswarte hinauf zieht.

Knapp 1,3 km und 100 Höhenmeter nach der Überquerung der Straße öffnet sich der Wald zu einem offenen Gipfelplateau, das von den markanten Quarzitfelsen der Wolfswarte gekrönt ist (km 6,5). Die Aussicht von hier ist großartig! Geradeaus blickt man auf Altenau, rechts davon liegt der Okerstausee. Wenn Sie über die Aufstiegsroute zurückschauen, scheint der Brocken zum Greifen nah.

Auf der Wolfswarte

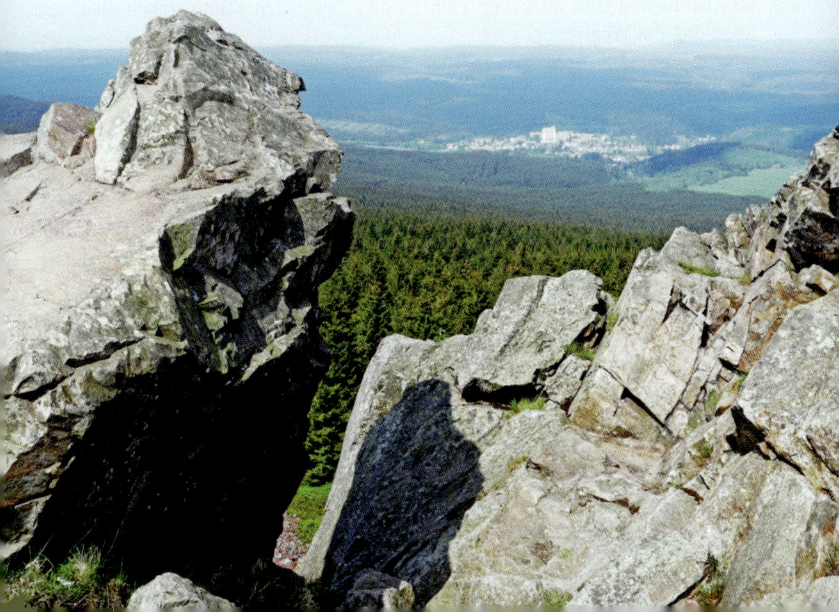

Nach diesem Erlebnis klettern Sie wieder von den Felsen hinunter. Der Pfad führt links um die Granitriesen herum. Dahinter liegen viele Felsblöcke. Kleine Grasflächen zwischen jungen Ebereschen laden zum Picknick ein.

Weiter führt der Weg Sie nun bergab, bis er auf eine querende Forststraße stößt ✎. Hier gehen Sie ein paar Schritte auf der Forststraße nach rechts, wo diese an der ⌂ Altenauer Hütte (km 7) endet. Bei Regenwetter ist dies eine gute Stelle für eine Rast.

Ein Pfad führt in Verlängerung der Forststraße in den Wald. Hier beginnt als Wald-Wiesen-Weg der zuerst noch ebene ✎ Butterstieg, der jedoch nach wenigen Metern ✎ nach links abwärts umbiegt. Die Abstiegsspur windet sich durch ein liebliches Waldgebiet mit kleinen Lichtungen. Gras, Wurzeln und Blaubeeren bedecken den Boden. An einer kleinen Bank, nach der Hälfte des Abstiegs, wird eine Schotterstraße überquert. Weiter geht es geradeaus bergab auf dem attraktiven Waldpfad.

Nach gut 1 km Strecke und knapp 200 Höhenmetern Abstieg nähert sich der Pfad der Landstraße. Er biegt vor ihr nach links ✎ und verläuft dann parallel. Das Gefälle wird sanfter.

Der Fußpfad kreuzt zwei Schottersträßchen, die in die Landstraße münden. Danach entfernt sich die Route wieder von der Straße, steigt noch eine kurze Strecke ab und trifft dann den vom Einstieg bekannten Dammgraben an einer Kreuzung mit Wegweiser.

↳ Wer zurück nach Altenau möchte, hält sich geradeaus und steigt auf dem mit 18J markierten Tischlertalweg ab. Er führt in 1,5 km zum Rastplatz am Schneidewasser. Anschließend folgen Sie wieder dem Uferweg 1,5 km zurück ins Zentrum von Altenau.

☺ Wenn Sie dem Dammgraben 500 m nach links folgen und dann nach rechts über den mit blauem Dreieck markierten Weg Richtung Altenau absteigen, kommen Sie am Waldschwimmbad Okerteich vorbei.

Zurück zum Parkplatz folgen Sie bequem nach rechts dem Dammgraben entgegen der Fließrichtung. Nach etwa 10 Min. haben Sie den Ausgangspunkt erreicht.

⑩ Der Klassiker: Von Oderbrück über den Brocken nach Torfhaus

Tour für Gipfelstürmer, Geschichtsinteressierte und Eisenbahnfreunde

Der Brocken lockt als höchster Berg des Harzes mit vielen Reizen. Politisch Interessierte spüren hier die Geschichte der deutschen Teilung. Botaniker freuen sich über den Alpengarten, Eisenbahnfreunde über die dampfende Brockenbahn, deren Gleise den Wanderweg ein Stück begleiten. Der Ausblick vom Turm des Besucherzentrums geht weit über den Harz und in die norddeutsche Tiefebene.

Der Aufstieg von Oderbrück ist der kürzeste Weg auf den Brocken, der Abstieg folgt Goethes Spuren. Beide Wege sind sehr gut ausgebaut und werden im Winter für Wanderer präpariert. Entsprechend groß ist der Andrang an sonnigen Wochenenden.

Die Wanderwege führen häufig durch offenes Gelände, durch die breiten Schneisen des Grünen Bandes auf dem ehemaligen Grenzstreifen, durch Moorgebiete und entlang der Brockenbahn. In dieser Höhe zeigt der Wald eher lichten und niedrigen Bewuchs, sodass Sie bei entsprechendem Wetter mit viel Sonne rechnen können.

→ Start: Parkplatz/Bushaltestelle Oderbrück, GPS N 51°46.560' E 010°33.140'; Ziel: Nationalpark-Besucherzentrum in Torfhaus, GPS N 51°48.150' E 010°32.210'

17 km

4 Std. 30 Min.

↑↓ 390 m/370 m

⇧ 790-1.141 m

Der Weg ist ausgezeichnet beschildert und markiert: im Aufstieg den Schildern Brocken folgen, im Abstieg der Markierung Hexenstieg nach Torfhaus.

Es gibt jeweils mehrere Gaststätten und Kioske auf dem Brocken (km 7,5) und in Torfhaus.

Die Tour ist sehr gut mit Rastplätzen und Schutzhütten (km 6,2, km 7,5, km 9,5 und km 12,4) versorgt. Sie befinden sich häufig an den Wegkreuzungen.

WC Öffentliche Toiletten befinden sich auf dem Brocken (km 7,5) und in Torfhaus.

Kindern gefallen sicher die immer wieder unter lautem Schnaufen vorbeifahrenden Dampfeisenbahnen, auch die Ausstellung im Nationalparkhaus auf dem Gipfel ist für sie interessant.

Die Tour ist zwar lang und ein Stück auf dem Kolonnenweg steil, aber für Buggys mit nicht zu kleinen Rädern geeignet, wenn man die Variante durch den Bodebruch auslässt.

Hunde müssen angeleint werden.

Der Weg wird präpariert und kann auch im Winter sehr gut bewandert werden. Das macht ihn für Schneeschuhfreunde aber eher uninteressant. In Torfhaus befindet sich ein Rodelhang mit Lift.

Parkmöglichkeiten in Oderbrück oder Torfhaus

Etwa stündlich verkehren Busse in beide Richtungen zwischen Braunlage und Bad Harzburg. Die für diese Tour wichtigen Haltestellen heißen „Oderbrück, St. Andreasberg“ und „Torfhaus, Harz“. Wenn Sie mit dem Pkw anreisen, können Sie stündlich mit dem Bus von Torfhaus zum Parkplatz Oderbrück fahren.

Die Busverbindung nach Altenau (8 km von Torfhaus) ist etwas umständlich. Da hilft Taxi Körber, Altenau, ☏ 053 28/262.

Zurück nach Oderbrück: Wenn Sie die Tour etwas verkürzen oder zum Auto zurückwandern wollen, können Sie auf dem Aufstiegsweg auch wieder absteigen. Dann entgeht Ihnen aber ein sehr schönes Wegstück.

Brockenüberschreitung: Vom Gipfel aus sind mehrere attraktive Abstiege möglich (☞ Exkurs zum Brocken in der Einleitung des Führers).

Die Wanderung beginnt an der B4 am nördlichen Ende des Parkplatzes Oderbrück. Hier, an einem Schilderbaum, überqueren Sie die Oder und biegen gleich danach nach rechts (Osten) auf den Wanderweg ab. Die junge Oder begleitet den Weg und windet sich hier um bemooste Felsbrocken und zwischen umgestürzten Fichten hindurch. Ihnen bleibt das erspart, denn der Wanderweg zum Brocken ist gut ausgebaut. Trotzdem empfehle ich, an der nächsten Abzweigung, etwa 600 m hinter Oderbrück, nach rechts zum Bodebruch abzubiegen.

Es sei denn, Sie sind mit dem Kinderwagen unterwegs, dann folgen Sie dem Kaiserweg und der Ausschilderung „Dreieckiger Pfahl“ und „Brocken“. Die Routen führen am Dreieckigen Pfahl wieder zusammen.

Auf einem Wanderweg, der zum abenteuerlichen Pfad wird, erreichen Sie die Aussichtsplattform Bodebruch. ☺ Versäumen Sie nicht, einen Blick vom Turm über das Hochmoor zu werfen. Die auch „Bruch“ genannten Feuchtgebiete bilden eine in Mitteleuropa selten gewordene Naturlandschaft.

Von der Aussichtsplattform führt nun wieder ein gut befestigter Weg in Richtung Norden zum gut 600 m entfernten Dreieckigen Pfahl, einem alten Grenzstein. Er beweist, dass nicht erst die innerdeutsche Teilung diese Gegend zum

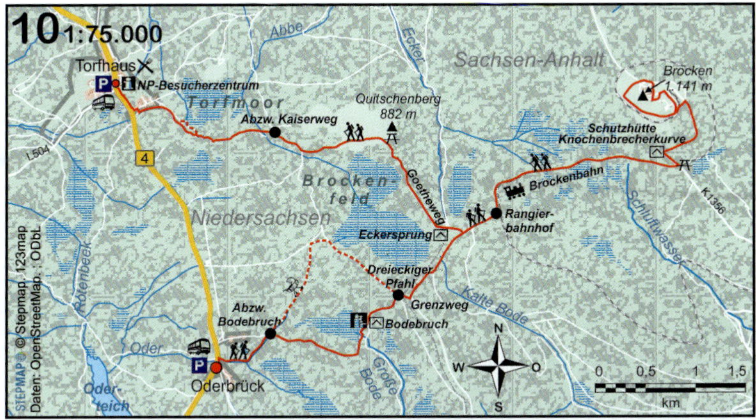

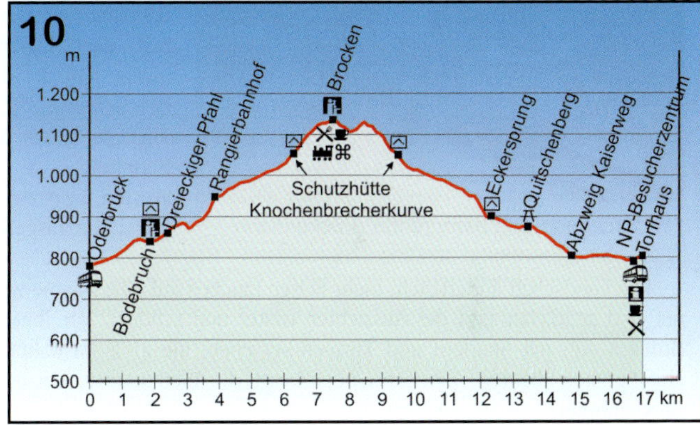

Grenzland gemacht hat. Trotzdem prägt auf den nächsten Kilometern der ehemalige DDR-Grenzverlauf das Bild.

Folgen Sie dem Weg, der Ihre bisherige Richtung oberhalb des Grenzsteines quert, nach rechts (Südosten). Nach wenigen Schritten stoßen Sie auf das „Grüne Band“ mit dem Kolonnenweg, auf dem bis 1990 die Grenztruppen der DDR patrouillierten.

Nun wandern Sie links (Nordosten) auf oder neben dem Kolonnenweg weiter Richtung Brocken. Bis zum Gipfel werden Sie keine schattigen Wegpassagen mehr finden. Der Weg senkt sich in ein Tal, um auf der anderen Seite zu den Gleisen der 1899 eingeweihten Brockenbahn aufzusteigen. Oft hören Sie schon viel früher das archaische Schnaufen der alten Dampfloks.

Nach einer guten Gehstunde, noch bevor Sie die Gleise erreichen, sehen Sie links den Abzweig des Goetheweges, den Sie später zum Abstieg nach Torfhaus nutzen werden. Direkt an der Bahn beschreibt die Aufstiegsroute eine Kurve nach links. Nun geht es für mehr als 2 km mit nur geringer Steigung am Bahndamm entlang. Immer wieder wird Ihnen eines der zischenden und schnaufenden Dampfrösser begegnen.

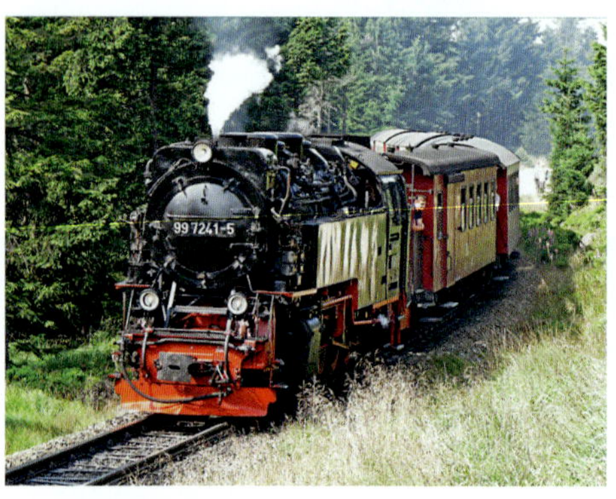

Die zischende und dampfende Brockenbahn

Auf dem Foto wirken die bergauffahrenden Züge besser, da die Loks dann voll unter Dampf stehen. Wenn Sie beim Abstieg kurz vor dem Verlassen der Bahnlinie ein Foto schießen, dann haben Sie mit etwas Glück die beste Beleuchtung, da dieses 300 m lange Stück der Bahnlinie in Richtung Westen, also zur Nachmittagssonne ausgerichtet ist.

Die Landschaft ändert sich, mehr Felsen tauchen auf. Die Bäume werden kleiner und spärlicher und die Aussichten weiter und schöner. Vor Ihnen ragt der Brocken auf, mit Sendern und Türmen versehen, die z. T. im Kalten Krieg als Horchposten dienten. Ein Turm beherbergt die Wetterwarte, ein anderer das Brockenhotel.

An der Kreuzung mit der Brockenstraße verlassen Sie (vorübergehend) die Bahn und steigen auf Asphalt weiter zum Gipfel auf. Spätestens hier werden Ihnen viele andere Wanderer begegnen, die den Weg von Schierke (☞ Wanderung 19) heraufgekommen sind. Auch Kinderwagen und Fahrräder sind hier nicht selten unterwegs. Bald kommen Sie an die Waldgrenze und unterhalb des Bahnhofs erreichen Sie das belebte Gipfelplateau, auf dem verschiedene Gebäude stehen.

☺ Von der Straße im spitzen Winkel nach rechts führt ein schöner Gipfelrundweg einmal um den ganzen Komplex. Von diesem genießen Sie großartige

Aussichten in alle Richtungen. Zumindest den westlichen und südlichen Teil des Rundweges sollten Sie nach Besuch des Gipfelsteines (⇧ 1.141 m) bewandern.

Der Brockengipfel (☞ Karte vom Brocken S. 53)
Höchstes Gebäude auf dem kahlen Brocken ist der rot-weiße **Funkturm**. Daneben, in dem großen Turm mit einer Halbkugel auf dem Dach und den angrenzenden Flachbauten, befinden sich das **Brockenhotel** und eine der ✕ Gaststätten. Diese nennt sich **Touristensaal** und wirkt wie eine Kantine. Im angeschlossenen **Biergarten** kann man aber bei schönem Wetter gut sitzen (☏ 03 94 55/120, ◨ tägl. von 10:00 bis 16:00). Auch eine kleine ⌂ Schutzhütte gibt es hier.

Das würfelförmige **Brockenhaus** – auch mit einer Halbkugel der früheren Stasi-Abhöranlagen auf dem Dach – beherbergt das ⌘ **Nationalparkzentrum** (◨ tägl. von 9:30 bis 17:00, Eintritt € 5, verschiedene Ermäßigungen) mit einer interessanten Ausstellung zu Natur und Geschichte des Brockens. Hier gibt es auch eine günstige ☕ **Cafeteria**.

Etwas abseits steht der dunkle Turm der **Wetterwarte** neben dem ✿ **Brockengarten**. Letzterer besteht seit 1890 und zeigt zu Forschungszwecken 1.500 alpine Pflanzen aus aller Welt. ◨ Von Mitte Mai bis Mitte Oktober ist montags bis freitags um 11:30 und 14:00 eine Besichtigung möglich. Der Garten ist außerdem Teil der Rangerführungen. Diese starten am Garten täglich um 12:15. (Details unter ☏ 039 43/55 02 20 oder 💻 www.nationalpark-harz.de/de/veranstaltungen/brocken/)

Eine weitere ✕ Gaststätte (◨ im Sommer tägl. etwa 9:00 bis 18:00, im Winter meist 9:30 bis 16:30) finden Sie im Bahnhof, und auf dem Bahnhofsgelände mehrere Kioske.

Der Abstieg erfolgt zunächst wieder wie der Aufstieg über die Teerstraße bis zur Bahnlinie, dort rechts entlang der Bahntrasse und später wieder rechts den Kolonnenweg hinab. Der Rückweg verläuft auf der Route Goethes, der im Jahr 1777 von Torfhaus zum Brocken aufstieg. ✋ Verpassen Sie nach 350 m Kolonnenweg nicht den Abzweig (✎ Goetheweg)! Kurz danach, am Ursprung der Ecker, steht links eine Schutzhütte (km 12,5). ✎ Das Hexenstieg-Symbol leitet Sie nun bis Torfhaus.

Der Goetheweg verläuft durch eine urige Landschaft. Hier sind die späten Folgen des Waldsterbens, aber auch die frische Kraft der ungezähmten Natur wunderbar zu erkennen. Silbrige Baumriesen stehen verloren in einem Mikado aus umgestürzten Kollegen, während sich die natürliche Vegetation mit Ahorn, Eschen und Birken mit Macht ihre Flächen zurückerobert. Am Quitschenberg, rechts des Weges, ist dieses Thema auf Schautafeln erläutert.

Etwa 2,5 km hinter dem Eckersprung gabelt sich der Weg. Sie können auch rechts über den Kaiserweg nach Torfhaus gelangen, aber die Route links über den Goetheweg würde ich Ihnen besonders empfehlen. Sie begleitet den Abbegraben, einen Teil des Harzer Wasserregals, der sich durch urwüchsige felsige Landschaft windet und Sie durch das Große Torfhausmoor führt.

↳ Im Großen Torfhausmoor können Sie nach rechts auf einen Bohlenweg abbiegen, der Sie in einer kleinen Schleife durch das Moor wieder auf den Goetheweg zurückbringt. Der Weg ist kaum länger, bietet aber schöne Einblicke in die Hochmoorgebiete.

Hinter den ersten Häusern erreichen Sie bald die B4, der Sie auf dem parallel verlaufenden Fußweg nach rechts noch 500 m zu den Gaststätten und der Bushaltestelle in Torfhaus folgen.

Torfhaus

Der kleine Ort Torfhaus ✕ 🚌 ist das touristische Zentrum westlich des Brockens. Diverse Gaststätten verpflegen neben Wanderern auch Auto- und Bustouristen, Radfahrer, Motorradfreunde und im Winter Langläufer und Rodler. Die stündlichen 🚌 Busverbindungen nach Bad Harzburg und Braunlage sind vorbildlich. Die ☞ Wanderungen 8, 9 und 10 können auch in Torfhaus gestartet werden.

Blick zurück auf den Brocken

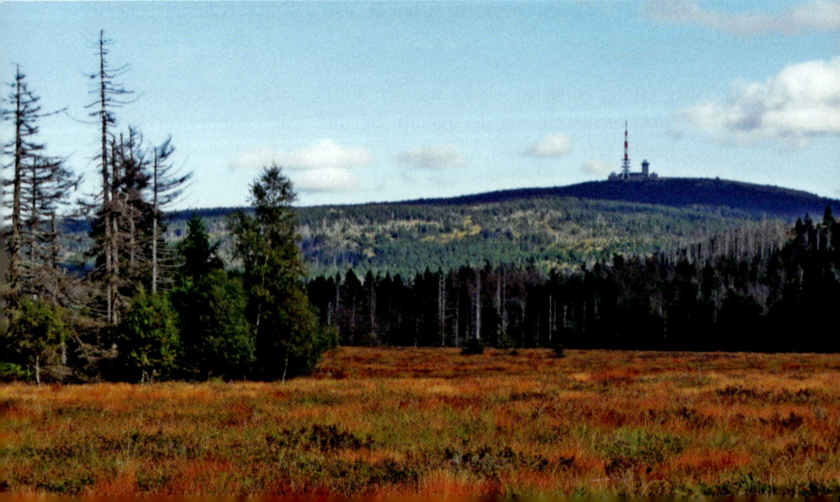

⑪ Oderteich, Kaiserweg und Achtermann

Tour für Naturliebhaber, Gipfelstürmer, Weitblicker und Badenixen

Auf dieser Tour werden Sie mit drei Goldstücken der Harzregion belohnt: Der Oderteich ist einer der schönsten Seen des Harzes, der Badefreunden sogar mehrere kleine Sandstrände bietet. Auf dem Kaiserweg, der in weiten Teilen noch sein historisches Pflaster zeigt, folgen Sie den Spuren gekrönter Häupter. Und vom Achtermann (⇧ 926 m) genießen Sie einen der schönsten Rundblicke des Gebirges, in dem die Gipfel von Brocken und Wurmberg zum Greifen nah erscheinen. Sie durchstreifen den Bergwald, unterbrochen von vielen Lichtungen und Bruchflächen. Bis zum Oderteich wandern Sie auf bequemen Schotterwegen, am Oderteich folgt dann ein verwunschener Wurzelpfad. Zwischen Oderbrück und dem Königskrug dominieren romantische Fels- und Wurzelwege. Die abenteuerlichen Pfade erfordern immer mal wieder etwas Trittsicherheit und Konzentration.

- Start/Ziel: Gasthaus Königskrug, 4 Straßenkilometer nordwestlich von Braunlage, GPS N 51°44.760' E 010°34.560'
- 11,3 km
- 3 Std.
- 240 m/240 m
- ⇧ 690-926 m
- viele Wegweiser mit Ortsnamen der Zwischenziele und Markierungen 18E, Hexe B, 12C, 31K, 31J
- Hütte The Cabin (km 7), Gasthaus am Königskrug (am Start/Ziel)
- Für ein Picknick bei schlechtem Wetter eignet sich die Schutzhütte am Fuß des Achtermanns, bei schönem Wetter rasten Sie genussvoll auf dem Gipfel (km 9). Bei km 1,8 laden Bänke und ein Tisch zur Rast ein.
- Badezone am Oderteich (km 4)
- Auch Kinder schätzen den Oderteich, die märchenhaften Wege und das Herumkraxeln auf dem (harmlosen) Gipfel des Achtermanns.
- Die wurzeligen und felsigen Teilstrecken sind für Buggys nicht passierbar.
- Auf der gesamten Strecke besteht Leinenpflicht.
- Es gibt viele Loipen zwischen Oderbrück und Königskrug, mit Wegsperrungen ist zu rechnen.
- Sie parken kostenlos auf den Parkplätzen beim Königskrug.

Bushaltestellen „Oderteich" (von St. Andreasberg gut erreichbar), „Königskrug" und „Oderbrück" (beide stündlich von Bad Harzburg und Braunlage)

Durch die gute Busverbindung zwischen Oderbrück und Königskrug (stündlich, Fahrzeit 4 Min.) lässt sich die Route perfekt in zwei Etappen aufteilen.

Start/Ziel in Braunlage: Der Weg beginnt im Zentrum Braunlages und führt zuerst Richtung Westen am Rathauslift entlang, dann als Wanderweg 12D über die Alte Harzburger Straße und den Königsweg Richtung Nordwesten zum Königskrug. Die Wanderstrecke verlängert sich dadurch um 7 km bzw. 2 Std. (⇆).

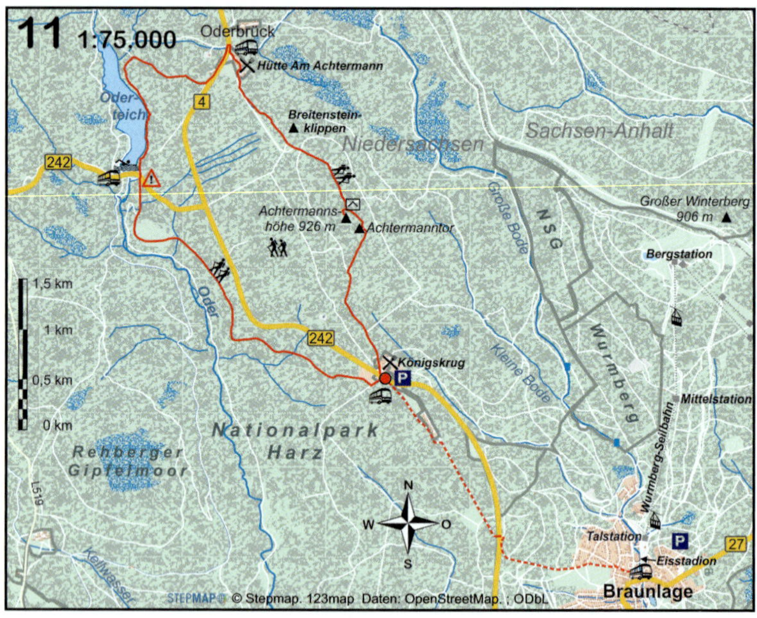

Gegenüber der Gaststätte führt eine geschotterte Forststraße Richtung Südwesten. Der Wegweiser dort weist u. a. die mit 18E nummerierte und mit einem gelben Dreieck markierte Route zum Oderteich, der 4 km entfernt liegt. Allerdings müssen Sie schon nach ca. 150 m rechts abbiegen (✎ 18E). Der Weg ist weiterhin geschottert, schön mit einem Grasstreifen in der Mitte und angenehm zu gehen. Immer wieder öffnet sich der Wald und gibt Blicke nach links ins Odertal frei. Zwei Bänke und ein Tisch laden zur Rast ein (km 1,8). Alte Windbruch-

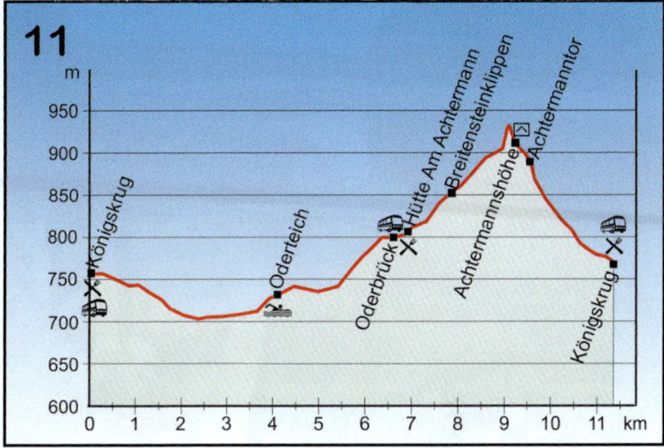

flächen haben große Lichtungen entstehen lassen, auf denen es üppig grünt und blüht. Sie ignorieren die Abzweigung nach St. Andreasberg, laufen ein Stück auf einem Asphaltweg und erreichen 400 m nach der Abzweigung den Oderteich (km 4). Vorsicht beim Überqueren der B242, es geht auf der anderen Straßenseite geradeaus weiter.

Der links liegende historische Oderteich war im 18. Jh. eine architektonische Meisterleistung und bis zum Ende des 19. Jh. der größte Stausee Deutschlands. Heute ist er ein idyllischer Badesee, seine Ufer laden zum Verweilen ein. Die Steinpfeiler vor dem Überlauf sollen im Winter Eisschollen zurückhalten, die den Kanal beschädigen könnten. (Foto S. 78)

Nun wird der Weg abenteuerlich. Über Felsen und Wurzeln schlängelt er sich als Fußpfad am Seeufer entlang. Offene Flächen erlauben weite Blicke über den See. Gleich am Anfang des Sees liegt eine schöne Badestelle. Später, dort, wo der Pfad sumpfiges Gelände durchquert, sind Stege aus Holzbohlen errichtet. Die Landschaft wirkt skandinavisch.

1,4 km hinter dem Staudamm wenden Sie sich an der Abzweigung rechts Richtung Oderbrück (Oderbrück ist ebenfalls nach links ausgeschildert). Der Pfad wird zum grasbewachsenen Schotterweg und steigt leicht an. Im Oderholz, das Sie nun durchqueren, beeindrucken die Reste eines mächtigen Fichtenforstes, der dem Waldsterben zum Opfer gefallen ist. Silberne Gerippe großer Bäume ragen in den Himmel. Das Bild könnte trostlos wirken, wenn nicht im Unterholz das pure Leben regierte. Blumen, Gräser und Kräuter nutzen das Licht und die freien Flächen, junge

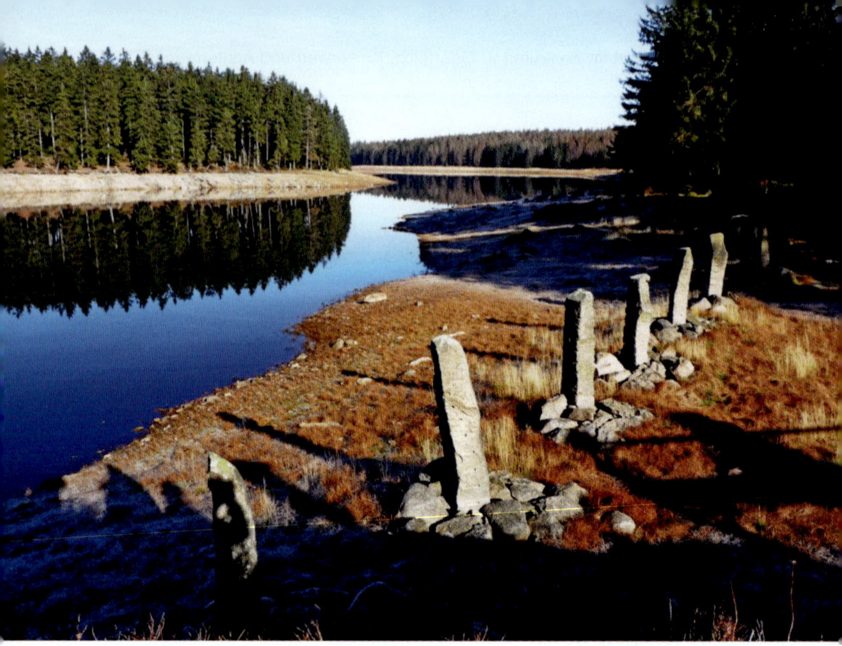

Am Oderteich

Bäume verschiedener Generationen füllen die Lücken zwischen den umgefallenen Stämmen und ein neuer, widerstandsfähiger Wald wächst heran.

800 m nach der Abzweigung vom See, kurz vor Erreichen der B4, führt ein Pfad links ab, über den Sie 400 m weiter Oderbrück erreichen. Überqueren Sie den Parkplatz und dann die Straße auf den gegenüberliegenden Parkplatz und biegen Sie an dessen Ende auf den Weg 31K (✎ Achtermann) ein. Hier finden Sie nach einem kurzen Anstieg links die ✕ Hütte The Cabin.

✕ Bei schönem Wetter sitzt man angenehm im Biergarten des Gasthauses. Hier können Sie auch Zimmer mieten oder zelten. 🚪 Es gibt keine festen Öffnungszeiten, „es ist immer jemand da, der Gäste bewirten kann". ☏ 01 52/29 56 69 67, 💻 the-cabin.de

Im weiteren Verlauf ist der Pfad auf den Achtermann mit 31K und einem grünen Dreieck markiert. Erdwege mit Wurzeln und Felsen wechseln sich ab mit der historischen Pflasterung des mittelalterlichen Kaiserweges.

Kaiserweg

Der Kaiserweg hieß eigentlich Heidensteig, bis der in Goslar geborene Heinrich IV. im Jahr 1073 die Route als Fluchtweg vor den aufständischen Sachsen benutzte. Vermutlich war aber schon 744 Pippin, der Vater Karls des Großen, mit seinem Heer auf diesem Weg am Achtermann entlanggezogen, später dann u. a. König Phillip (1200), Friedrich II. (1219) und Otto IV. (1206 und 1208). Grund für das hohe Verkehrsaufkommen war die große Bedeutung des Harzes im Mittelalter. Der Silberbergbau war im vollen Gange und ließ Städte wie Goslar mit der Kaiserpfalz im Norden und das mächtige Kloster Walkenried am Südrand des Harzes aufblühen. Beide verbindet der Kaiserweg, auf dessen teilweise erhaltenem Pflaster heute der Wanderweg verläuft.

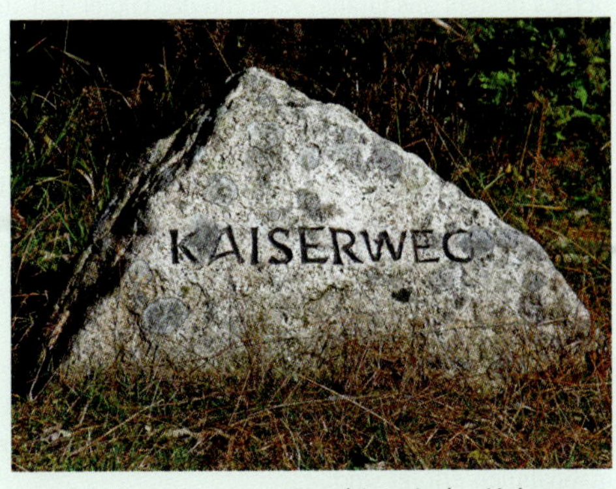

Der historische Kaiserweg

Neben dem historischen Aspekt begeistert die abwechslungsreiche Landschaft beim sanften Aufstieg. Laub- und Nadelbäume, Wiesen und offenes Buschgelände, Felsen und Blaubeeren begleiten den Weg. Ob Letztere bei Friedrich II. und seinen Berufskollegen auch schon zu blauen Zungen geführt haben, ist nicht überliefert, aber wahrscheinlich.

An einer Gabelung (hier geht es rechts auf einer Abkürzung zum Königskrug) folgen Sie dem beschilderten Pfad 31K Richtung Achtermann, genauso an der nächsten Kreuzung und der darauffolgenden Gabelung. Links ist immer wieder der Brockengipfel mit seiner markanten Silhouette sichtbar. Nach weniger als 2,5 km Aufstieg ab Oderbrück gelangen Sie an einen kleinen Rastplatz unter jungen Laubbäumen, dahinter liegt eine einfache Schutzhütte (km 9).

Ein felsiger Steig biegt rechts aufwärts und bringt Sie in wenigen anstrengenden Schritten hinauf auf den Gipfel. Von hier ist die Aussicht großartig!

Achtermann

Der Achtermann, auch Achtermannshöhe genannt, ist mit 926 m der vierthöchste Berg des Harzes. An ihm entspringen die Bode und die Oder. Der Sockel des

Berges besteht aus Granit, während der Gipfel sich aus 10 m mächtigem Hornfels aufbaut. Letzteres ist ein metamorphes Gestein, das durch Kontakt zu heißer Magma bei etwa 700° C aufgeschmolzen wurde und anschließend wieder erkaltet ist. Heute wirkt die absolut kahle Felskuppe wie mit dem Meißel modelliert.

Weil der Gipfel über die umliegenden Wälder aufragt, ist der Blick in alle Richtungen hervorragend. Klar zu erkennen ist im Nordosten der Brocken mit den Abhöranlagen aus der DDR-Zeit. Davor liegen als große freie Flächen, von Wald eingerahmt, der Rote Bruch und der Schwarze Sumpf. Hier im Moor sammelt sich das Wasser, bevor es seine Reise über die Oder zur Weser und über die Bode Richtung Elbe antritt.

Richtung Osten bleibt der Blick am Wurmberg haften. Die halb kahle Gipfelregion des höchsten Punktes in Niedersachsen (⇧ 971 m) ist dem Skitourismus geschuldet, für den dort 2012 noch einmal umfangreiche Bau- und Rodungsmaßnahmen erfolgt sind.

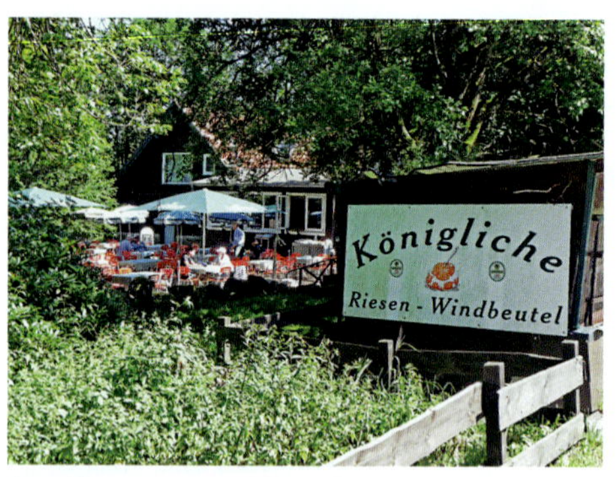

Der Biergarten am Königskrug

Wieder am Fuß des Gipfelaufbaus angekommen, wenden Sie sich hinter der Schutzhütte nach rechts. Der Wegweiser stellt die Route 31J zum Königskrug (✎ grünes Dreieck) erstaunlicherweise als schwierigen Weg vor. Der schöne Abstieg auf felsigen Pfaden passiert die Felsformation mit Namen Achtermanntor und mündet knapp 1 km nach dem Gipfel in eine Forststraße. Dieser folgt der Weg 31J nach links und dann immer geradeaus zum Königskrug.

✕ ☕ Im Spätmittelalter befand sich am heutigen Königskrug eine Turmburg, von der aber kaum noch etwas zu sehen ist. Die Gaststätte Königskrug wirbt mit königlichen Windbeuteln. Auch die Currywurst passt zum Ambiente, und bei der Serviceorientierung gab es 2017 noch Luft nach oben. Man kann hier aber schön im Biergarten des Gasthauses sitzen. ☏ 055 20/13 50, 🚪 im Sommer tägl. ca. 9:00 bis 19:30, im November Fr geschlossen, von Ende November bis vor Weihnachten Betriebsferien

⓬ Vom Oderteich über den Rehberger Graben nach St. Andreasberg

Tour für Familien, Genusswanderer und Höhenmeterallergiker

Diese gemütliche Wanderung ist gut geeignet, wenn Sie, statt auf schmalen Pfaden über Wurzeln zu klettern, mal wieder entspannt ausschreiten wollen. Fast die gesamte Route ist eben, gut befestigt und barrierefrei.

Der wunderschöne Oderteich lädt zum Schauen und – je nach Wetterbedingungen – zum Baden ein. Am Kulturdenkmal Rehberger Graben wirkt das ständig den Weg begleitende, gurgelnde und glucksende Gewässer wie Meditationsmusik. Beeindruckend sind die Aussichten über das Odertal, und mit dem Grabenhaus bietet ein geschichtlich interessantes, traditionsreiches Waldgasthaus eine tolle Einkehr- oder Picknickmöglichkeit.

Trotz abwechslungsreicher Waldlandschaft sind große Teile des Weges vormittags recht sonnig.

→ Start: an der B242 an der Bushaltestelle Oderteich, GPS N 51°45.865' E 010°32.200'; Ziel: Bushaltestelle am Haus Sonnenberg an der L519, GPS N 51°43.930' E 010°31.400'

8 km

2 Std.

↑ ↓ 30 m/40 m

⇧ 690-720 m

15D, blaues Dreieck, gute Beschilderung mit Ortsnamen

Rehberger Grabenhaus (km 5,6)

Eine Schutzhütte (km 2,5) und Tische und Bänke am Goetheplatz (km 4) laden zur Rast ein.

Badezone am Oderteich (km 0)

Kinder freuen sich vielleicht, ihr Fahrrad mitnehmen zu können.

Für normale Kinderwagen ist die Tour auf befestigten Wegen gut geeignet. Anfangs geht es ein Stück abwärts, dann am Rehberger Graben den Hauptteil der Strecke fast eben dahin. Zum Schluss folgt noch eine sanfte Steigung mit 30 Höhenmetern auf Asphalt. Verfügen Sie nur über einen Buggy mit sehr kleinen Rädern, dann können Sie vom Dreibrodeparkplatz auf Asphalt zum Rehberger Grabenhaus spazieren und auf demselben Weg wieder zurückgehen (2,5 km, ⇆).

Hier im Nationalpark muss der Hund an die Leine.

❄ Die Route ist in der Regel als Winterwanderweg präpariert.

P Wanderparkplätze befinden sich an der L519, 400 m südlich vom Haus Sonnenberg (Dreibrodeparkplatz) oder am Oderteich.

Start und Ziel werden vom Bus der Linie 820 (St. Andreasberg – Braunlage) verbunden, Fahrzeit 5 Min. Die Bushaltestellen heißen „Haus Sonnenberg“ und „Oderteich“.

Hinter dem Rehberger Grabenhaus können Sie auch → nach Sankt Andreasberg (insgesamt 8,5 km) oder ↻ durch das Odertal zurück zum Oderteich (15 km) wandern. Wenn Sie nach der Einkehr am Rehberger Graben zurückwandern, kommen Sie auf insgesamt 11 km.

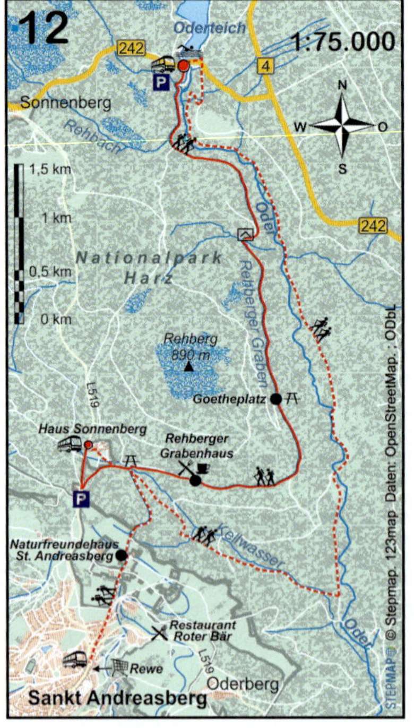

Von der Bushaltestelle Oderteich wandern Sie, der Beschilderung Rehberger Grabenhaus folgend, auf befestigter Forststraße zuerst etwas bergab. Sobald Sie den Rehberger Graben erreichen, wird der Weg romantischer. Die befestigte und fast ebene Route begleitet den Wasserlauf, der rechts neben Ihnen gluckert. Oberhalb kommen immer wieder Felsen ins Bild, und auch auf der gegenüberliegenden Talseite ragen Felsbastionen aus dem Wald. Tief unten im Tal schlängelt sich die Oder (☞ Variante Odertal).

Hin und wieder weisen Schilder auf das System der historischen Harzer Wasserwirtschaft hin – oder auf Johann Wolfgang von Goethe als berühmten Besucher, der hier geologischen Phänomenen auf der Spur war. Der anfangs dichtere Wald wird immer lichter, Nadel- und Laubbäume wechseln sich ab. Nach etwa 5,6 km erreichen Sie das Rehberger Grabenhaus.

Rehberger Grabenhaus

Das Wasser des Oderteiches trieb über den Rehberger Graben die Pumpen und Förderräder der Gruben von St. Andreasberg an. Als Stützpunkt für die Pflege- und Instandhaltungskräfte des Grabens wurde 1772 das Rehberger Grabenhaus erbaut. Seit dem 20. Jh. wird es als Waldgaststätte betrieben und ist heute Teil des Kulturdenkmals Oberharzer Wasserregal.

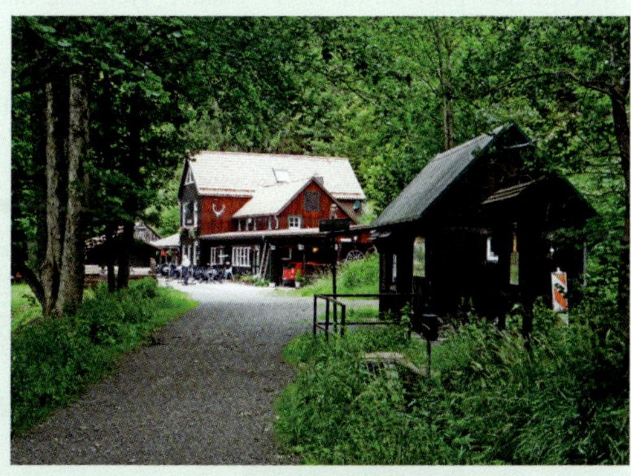

Das Rehberger Grabenhaus

Rehberger Grabenhaus: gutbürgerliche Küche mit vielen Wildgerichten, leckere Kuchen. Draußen können Sie an einem überdachten Tisch auch Selbstmitgebrachtes verzehren. Es wäre aber sicher angemessen, dann die Getränke beim Wirt zu bestellen. 055 82/789, www.rehberger-grabenhaus.de, Di bis So 9:00 bis 18:00, Mo Ruhetag, außer an Feiertagen

Ab dem Grabenhaus ist die Waldstraße asphaltiert, aber für den Kraftverkehr gesperrt. Etwa 700 m hinter der Gaststätte kommen Sie an einen Wegstern. Hier gibt es nun mehrere Möglichkeiten:

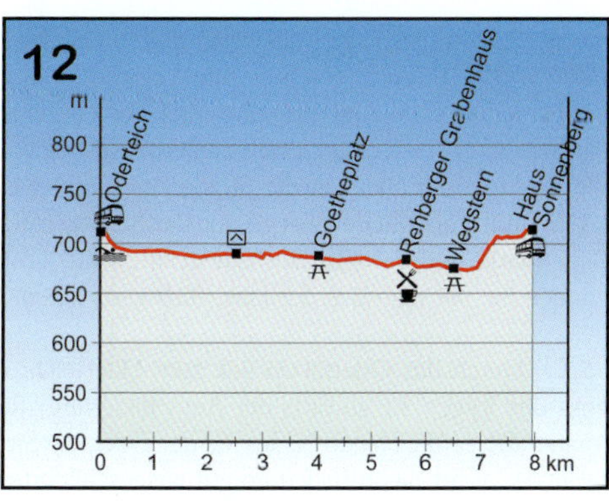

Um zur nächstgelegenen Bushaltestelle am Haus Sonnenberg zu gelangen, halten Sie sich halb rechts aufwärts und folgen der asphaltierten Route, die durch eine schöne Allee auf den

Dreibrodeparkplatz an der L519 zuläuft. Wenn Sie die Bushaltestelle erreichen wollen, müssen Sie an der Landstraße noch 400 m nach rechts zum Haus Sonnenberg gehen. ☺ Alternativ biegen Sie schon vorher von der Allee nach rechts ab auf das Haus Sonnenberg und die Andreasberger Sternwarte zu, und erreichen über deren Parkplatz die L519 direkt an der Bushaltestelle.

Am Rehberger Graben

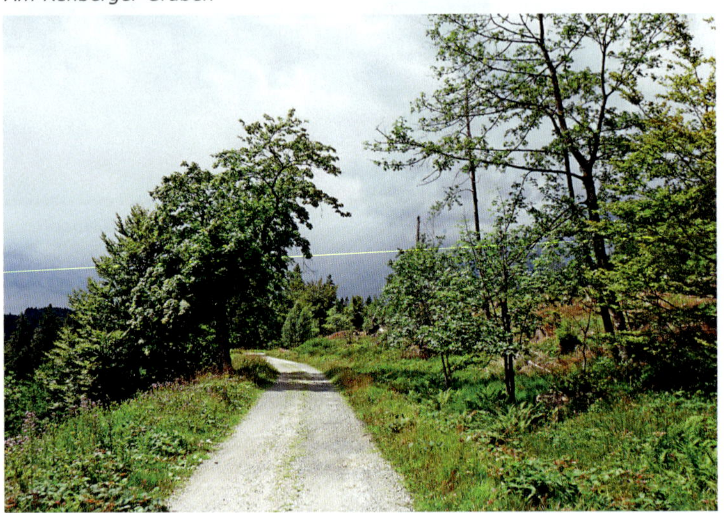

↬ → St. Andreasberg: 1 km weiter entfernt ist das Zentrum von St. Andreasberg (☞ S. 89). Dazu folgen Sie vom Wegstern links zuerst auf ebenem Weg dem Rehberger Graben und bis zum Ziel immer geradeaus der Beschilderung St. Andreasberg. Nach einem etwas steileren Anstieg von 40 Höhenmetern senkt sich die Route und mündet in die Straße Am Gesehr. Deren Verlängerung quert die L519 und führt über Fußwege auf die Schützenstraße, in der Sie einen großen Supermarkt und die 🚌 Bushaltestelle „Schützenstraße" finden. Auch von hier können Sie mit dem Bus der Linie 820 zurück zum Oderteich fahren.

↬ ↻ Durch das Odertal zurück zum Oderteich: Halten Sie sich am Wegstern links und folgen Sie abwärts der Ausschilderung „Rinderstall". Auf der Schotterforststraße geht es hinab bis ins Tal der Oder, wo Sie sich links halten. Die „Odertalstraße" führt Sie zurück zum gut ausgeschilderten Oderteich.

⑬ Von Braunlage über Silberteich und Rinderstall nach St. Andreasberg

Tour für Naturliebhaber, Genießer und Familien

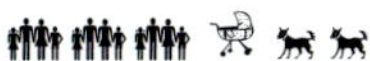

Die Route verläuft abwechslungsreich mal auf schmalen Pfaden, mal auf Wanderwegen und auch ein Stück auf geschotterter Forststraße. Die Waldpassagen sind immer wieder wohltuend von Lichtungen und Wiesen unterbrochen. Sie besuchen den idyllischen Silberteich, der eine große Ruhe ausstrahlt. Unten im Odertal wartet neben der sanften Auenlandschaft die schön gelegene Almhütte Rinderstall. Diese wartet mit allem auf, was man sich von einer Jausenstation wünscht.

→ Start: Hauptstraße (Herzog-Wilhelm-Straße) Ecke Von-Langen-Straße im Zentrum von Braunlage, GPS N 51°43.560' E 010°36.600'; Ziel: Schützenstraße Ecke Glückaufweg in St. Andreasberg, N 51°42.865' E 010°31.440'

8,5 km

2 Std. 30 Min.

↑ ↓ 290 m/240 m

⇧ 490-690 m

28C, Silberteich, Rinderstall, St. Andreasberg

Waldgasthaus Rinderstall (km 4,7) auf halbem Weg im Odertal, Gasthaus Roter Bär kurz vor St. Andreasberg (km 7,5)

Unterwegs finden Sie keine Rastplätze und keine Schutzhütten, nur hin und wieder eine Bank. Der schönste Platz für eine Pause liegt am Silberteich (km 2).

Silberteich (km 2)

Der Silberteich, der Spielplatz am Rinderstall und das Bachbett der Oder erfreuen den Nachwuchs.

Für Buggypiloten empfiehlt sich der Start in Oderhaus P, um über die asphaltierte Forststraße den Rinderstall zu erreichen und ggf. weiter Richtung Oderteich zu wandern (⇆) (☞ S. 88).

Im Nationalpark müssen Hunde angeleint werden. Sonst ist die Tour für Hunde aber gut geeignet. Im Rinderstall gibt es sogar eine Hundespeisekarte.

Die Tour ist für Schneeschuhe geeignet. Für Winterwanderer gibt es eine (andere) präparierte Route zwischen Braunlage und St. Andreasberg, die auch am Rinderstall vorbeiführt. Die Forststraße Oderhaus – Rinderstall wird geräumt.

P Braunlage: am Sportplatz in der Von-Langen-Straße, einige Parkplätze am Wandertreffpunkt kurz vor der Jugendherberge, St. Andreasberg: in der Schützenstraße oder im Glückaufweg, alternativ am Kurhaus

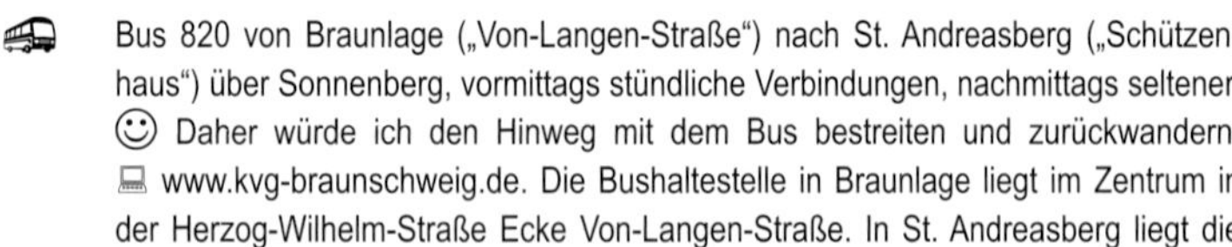
Bus 820 von Braunlage („Von-Langen-Straße") nach St. Andreasberg („Schützenhaus") über Sonnenberg, vormittags stündliche Verbindungen, nachmittags seltener. ☺ Daher würde ich den Hinweg mit dem Bus bestreiten und zurückwandern. www.kvg-braunschweig.de. Die Bushaltestelle in Braunlage liegt im Zentrum in der Herzog-Wilhelm-Straße Ecke Von-Langen-Straße. In St. Andreasberg liegt die Haltestelle am oberen (nördlichen) Ende der Schützenstraße.

Taxi Hoff, Braunlage, ☏ 055 20/92 33 04. Die Strecke Braunlage – St. Andreasberg kostet ca. € 25 (Stand 2017).

Durch die Kombination mit dem Weg durch das Odertal zum Oderteich (☞ Wanderung 12) und weiter über den Königskrug nach Braunlage (☞ Wanderung 11) entsteht eine Rundwanderung mit 18 km Länge (⌛ 5 Std.).

Die Wanderung beginnt im Zentrum Braunlages. Hier zweigt die Von-Langen-Straße von der Hauptstraße (Herzog-Wilhelm-Straße) nach Westen ab. Autofahrer können die Von-Langen-Straße bis zum Sportplatz hinauffahren und dort parken. Andernfalls gehen Sie zu Fuß die Straße (✎ 28C, rotes Dreieck) stetig ansteigend hinauf. Nach etwa 500 m passieren Sie den Sportplatz, nach gut 1 km die Zufahrt zur Jugendherberge und den Braunlager Wandertreffpunkt, und nach 1,4 km haben Sie ohne Abzweigung, mittlerweile auf Schotterstraße, die B242 unterquert. Die Beschilderung zum Silberteich ist bestens, auch an der ersten Gabelung, an der Sie sich rechts halten. Ihre Route folgt einer Variante des Harzer Hexenstieges.

Nachdem Sie die nächste Kreuzung (✎ Silberteich 0,4 km) geradeaus überquert haben, wird das Schottersträßchen zum schmalen Wanderweg. Dieser windet sich gut befestigt durch den Wald. Am Wegesrand gibt es immer wieder lichte Passagen und Laubgehölze, während tiefer im Wald vornehmlich Fichten zu Hause sind. Richtung Silberteich senkt sich der Weg immer weiter ab und kreuzt unmittelbar vor dem See eine Forststraße. Halb links hinab folgen Sie dem Pfad (✎ Rinderstall 2,5 km) über den Auslass des Gewässers auf die Staumauer (km 2).

Von hier eröffnet sich ein fantastischer Blick über den See. Zwei Bänke mit Seeblick laden zur Rast ein. Direkt hinter dem kleinen Staudamm findet sich ein schattiges Plätzchen im Gras, auch direkt am Wasser. Im Sommer lockt ein erfrischendes Bad.

Anschließend geht es auf romantischem Waldpfad weiter, nun zuerst leicht ansteigend. Später kommt von hinten rechts eine Schotterstraße heran, auf die Sie nach links einbiegen. Das kurz darauf erscheinende Asphaltsträßchen überqueren Sie, immer der Beschilderung Rinderstall (✎ 28C) folgend. Nun wieder auf attraktivem Wanderpfad führt der Weg zu zwei großen alten Buchen und einer Bank. Dort sollten Sie beschilderungsgemäß nach rechts auf den Forstweg einbiegen und 300 m weiter an einem Wegdreieck mit Bank links hinunterwandern

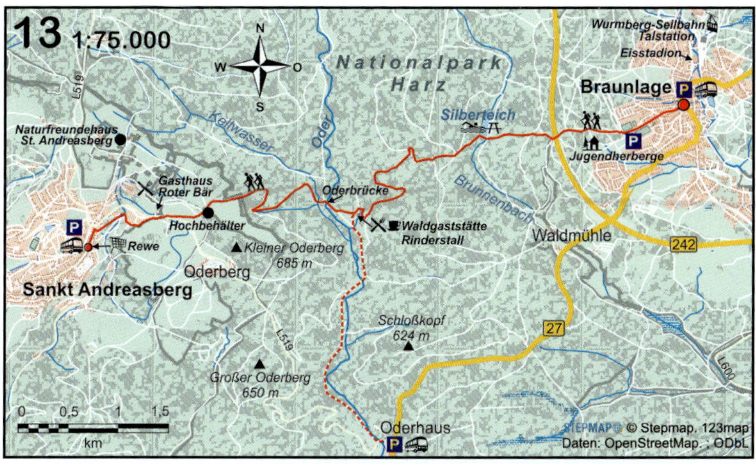

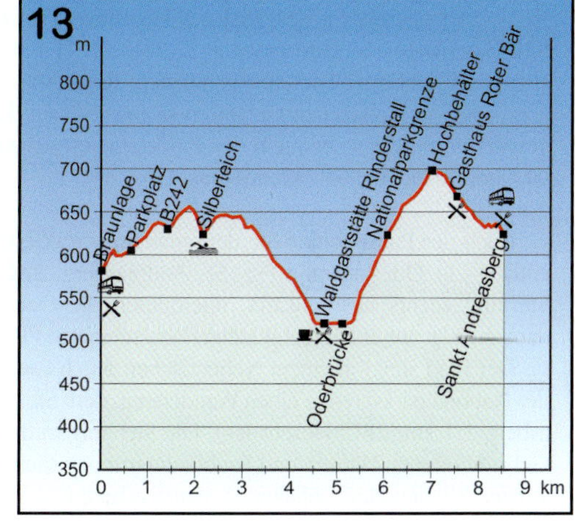

(✎ Hexenstieg, Rinderstall 1,5 km). Das Forststräßchen zieht sich in weiten Kurven 1,2 km ins Tal der Oder hinab. Hin und wieder stehen Bänke am Wegesrand, der Wald besteht aus Fichten, es finden sich aber auch immer wieder kleine Laubbauminseln. Ein Bach wird überquert. Kurz vor der Talsohle können Sie rechts auf einer schönen Lichtung schon die Almgebäude erkennen. Ein Wegweiser nach rechts empfiehlt die Abkürzung zur Hütte mit den Worten „schwieriger Fußsteig", was jedoch etwas übertrieben ist, zumindest bei trockenen Verhältnissen. Auf einer Brücke überqueren Sie noch den Bach und erreichen die Alm.

Rinderstall
Seit 1870 war die Baude eine klassische Almhütte, in der die Hirten den ganzen Sommer über lebten. Hier weideten die Rinderherden von St. Andreasberg. Ab 1902 wurde der Rinderstall dann neben der Almwirtschaft auch eine Wandergaststätte. Die Hütte im Harzer Holzhausstil wird Ihnen Freude bereiten. Sie liegt sehr schön auf einer großen, sonnigen Lichtung im Wald. Der Biergarten ist so vergleichsweise windgeschützt, aber Richtung Mittags- und Nachmittagssonne orientiert.

Gaststätte Rinderstall: Der Service ist engagiert und freundlich und die Speisekarte bietet einige Auswahl. Der Wirt hilft bei der Organisation von Taxi oder Bus. Hier hat man wirklich das Gefühl, willkommen zu sein. Es gibt einen Spielplatz, der von der Theke aus immer im Auge behalten wird, einen Wickeltisch, einen Gläschenwärmer und eine Mikrowelle zum Aufwärmen von Kindernahrung. Hundebesitzer freuen sich über eine gute Versorgung ihrer vierbeinigen Freunde, sogar mit einigen Gerichten auf der „Hundespeisekarte“. www.gaststaette-rinderstall.de, Sommer: 10:30 bis 17:30, Winter: 10:30 bis 17:00, Mi Ruhetag, außer an Feiertagen

Der nächste Parkplatz ist 2,5 km entfernt in Oderhaus (P, Buslinie 820 Braunlage – St. Andreasberg, GPS N 51°41.740' E 010°33.955') und per ebener, asphaltierter Forststraße mit dem Rinderstall verbunden. Mit Kinderwagen, Roller und ähnlichen Gefährten können Sie auf der für den privaten Verkehr gesperrten Straße so bequem den Rinderstall erreichen (und noch weit ins Odertal hinein wandern, ☞ Wanderung 12).

Nach der Pause folgen Sie dem malerischen Wiesenpfad rechts am Waldrand entlang zur Odertalstraße (St. Andreasberg, 28C, Hexenstieg). Hier gehen Sie kurz rechts flussaufwärts, überqueren die Oderbrücke und biegen sofort danach links auf einen stetig steigenden schmalen Pfad ein.

Der Pfad steigt in einem Nebentälchen durch Laubmischwald auf und trifft an der Nationalparksgrenze einen Wanderweg, dem Sie rechts folgen (St. Andreasberg 2,1 km, 28C, Hexenstieg). Die Steigung wird nun etwas geringer und das Gelände offener. Wiesen und Laubbaumgruppen säumen den Weg. Auf dem Pass streifen Sie den Hochbehälter St. Andreasberg und überqueren den „Höhenwanderweg“. Vom Hexenstieg müssen Sie sich hier verabschieden, denn er wendet sich nach rechts, während Sie den Schildern nach St. Andreasberg folgen. 500 m weiter queren Sie im spitzen Winkel die Braunlager Straße. Hier liegt das Gasthaus Roter Bär.

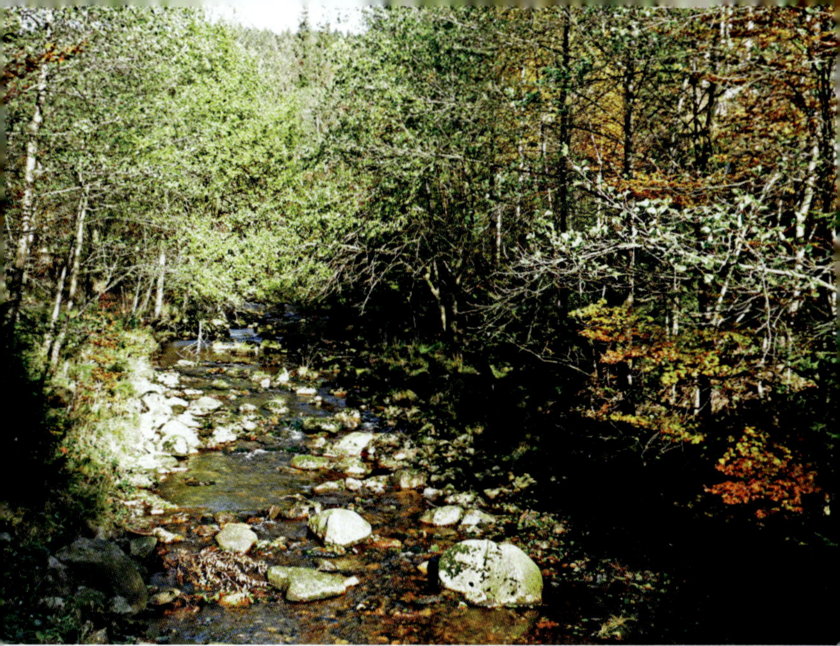

Im Odertal

✕ Gasthaus Roter Bär: Vor der Tür stehen zwei Loren, das Café-Restaurant ist nach einem nahe gelegenen alten Bergwerk benannt und in einem typischen Harzer Holzhaus untergebracht. Leckere regionaltypische Gerichte und Kuchen erfreuen den hungrigen Gast. ☏ 055 82/82 16, Winter: 11:30 bis 18:30, Sommer: 11:30 bis 21:00, von November bis Dezember Do Ruhetag

Nach der Überquerung der Straße lassen Sie den Parkplatz rechts liegen, ebenso die Ferienhaussiedlung mit gemütlichen kleinen Holzhäusern. Sie bleiben immer auf dem Pfad, ohne nach oben oder unten abzubiegen. Er mündet in den Glückaufweg. Diesem nach rechts folgend erreichen Sie kurz darauf das obere Ende der Schützenstraße.

St. Andreasberg

Links hinunter geht es ins Zentrum von St. Andreasberg, wo Sie z. B. in der „Kleinen Kapelle", die zur Gaststätte umgewidmet wurde, einkehren können. Des Weiteren bietet der Ort einen Hochseilgarten, das eindrucksvolle Bergwerkmuseum Grube Samson, ein Harzer-Roller-Kanarien-Museum und eine Sommerrodelbahn.

Wanderungen im Nordosten

Hohensteinklippen (Tour 17)

⑭ Von der Harzburg zur Rabenklippe und zum Luchsgehege

Tour für Geschichtsinteressierte, Weitblicker, Tierfreunde und Genießer

Bei dieser Tour auf leichten, befestigten Routen können Sie sich ganz auf die Attraktionen am Wegesrand konzentrieren – und davon gibt es viele: Während der Kleine Burgberg wilde Natur bietet, manifestiert sich auf dem Großen Burgberg und am „Kreuz des Deutschen Ostens“ die deutsche Geschichte. An der wilden Rabenklippe beobachten Sie kraftvolle Luchse und können bei der Fütterung viel über das Auswilderungsprogramm erfahren. Immer wieder öffnet sich der Buchen- und Eichenmischwald zu weiten Lichtungen und eröffnet Ausblicke weit in die Ebene und bis hinauf zum Brocken. Am Weg liegen mehrere ausgesprochen attraktive Gasthäuser und viele schöne Rastplätze, oft unter Eichen. Am Ende der Tour müssen Sie sich noch zwischen Baumwipfelpfad, Hochseilgarten und Sole-Therme entscheiden.

Start/Ziel: Berliner Platz am Kurpark Bad Harzburg, GPS N 51°52.470' E 010°33.720'

12,6 km

gut 3 Std.

350 m/350 m (Die Bergbahn spart 200 Höhenmeter Aufstieg.)

280-560 m

Die Zwischenziele sind gut namentlich ausgeschildert.

Café-Restaurant Aussichtsreich auf dem Burgberg (km 2), Berghütte an der Rabenklippe (km 6,7), Gasthaus Molkenhaus (km 9,6), viele Cafés und Restaurants in Bad Harzburg

Es gibt sehr viele ausgesprochen schöne Rastplätze am Weg, Schutzhütten am Sachsenbrunnen (km 3), am Kreuz des Deutschen Ostens (km 4,7), an der „Tiefen Kohlstelle“ (km 7,6) und am Hasselteich (km 9,5).

WC 100 m vom Berliner Platz entfernt liegt ein öffentliches WC (ausgeschildert).

Am Ende der Tour im Kurpark liegt die Sole-Therme mit Sauna-Erlebniswelt.
☏ 053 22/753 60, www.bad-harzburg.de/wellness-gesundheit/sole-therme.html.

Die Felsenlandschaft des Kleinen Burgberges, die Burgruinen der Harzburg, die Rabenklippe und vor allem das Luchsgehege sind für Kinder interessant. Am Molkenhaus wartet dann noch das Waldspielgelände und am Ende der Runde ein Hochseilgarten, ein Märchenwald und eine besonders für Kinder spannende interaktive Ausstellung im Haus der Natur.

Den Kinderwagen sollten Sie mit der Seilbahn zur Burg transportieren. Ab da ist der Rundweg gut geeignet, wenn Sie das letzte Stück auf der Forststraße bleiben.

Die Wanderung im Nationalpark erfordert das Anleinen, ansonsten gut mit Hund zu gehen.

Die Route ist für Schneeschuhgänger im Prinzip geeignet, Fahrspuren auf den Forstwegen stören aber etwas den Genuss. Die Route ist nicht als Winterwanderweg präpariert, es gibt häufig aber eine ausgetretene Spur im Schnee.

P Kostenlose Parkplätze gibt es auf dem Berliner Platz, weitere kostenpflichtige an der Talstation der Burgbahn.

Bushaltestelle „Berliner Platz", gute Verbindungen von Braunlage, Torfhaus, Goslar und vom Harzburger Bahnhof (jeweils stündlich). Hier halten in der Saison auch die Wanderbusse Richtung Rabenklippe und Molkenhaus, mit denen sich die Tour variabel verkürzen lässt (☏ 053 22/520 17).

Die Seilbahn bringt Sie vom Kurpark in der Nähe des Berliner Platzes (Nordhäuser Straße 2e) auf den Großen Burgberg. ☏ 053 22/753 70,
www.bad-harzburg.de/wanderland/wandererlebnisse/burgberg-seilbahn.html,
zur Sommerzeit 9:30 bis 18:00, zur Winterzeit 10:00 bis 17:00

Wenn Sie Wert auf befestigte Wege legen, dann nutzen Sie die Seilbahn für den Aufstieg zum Burgberg und die Forststraße für den Abstieg ab Molkenhaus.

Ein Abstecher zum Aussichtspunkt Kattnäse mit einem tollen Wiesenplatz inmitten von Felsen dauert etwa 1 Std.

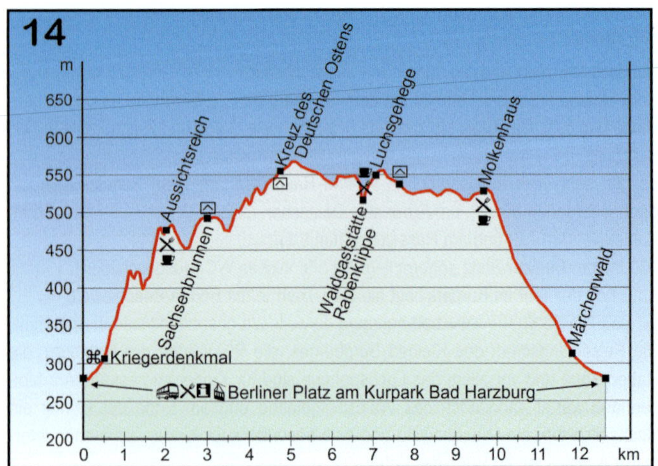

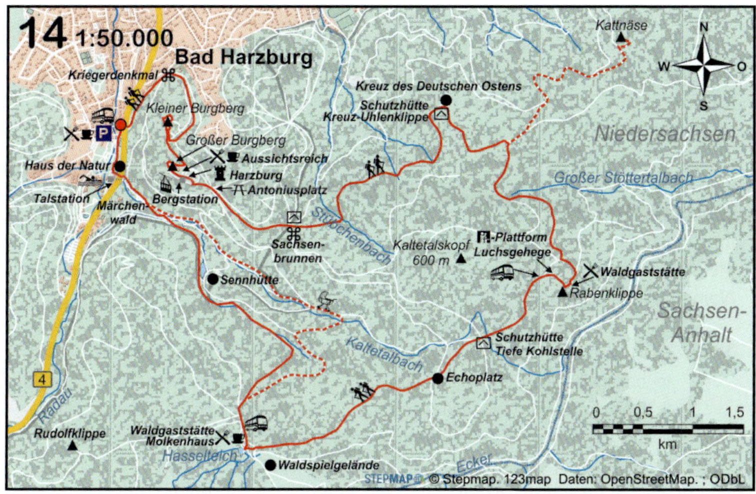

Am oberen Rand des Berliner Platzes startet ein Wanderweg, der sich nach links den Hang hinauf Richtung Burgberg zieht. Biegen Sie aber erst hinter dem Kriegerdenkmal halb rechts zum Kleinen Burgberg ab! Ein schöner Hohlweg unter Buchen, Eichen, Birken und vereinzelten Fichten führt Sie dann immer aufwärts um den Berg herum. Ignorieren Sie die erste Treppe nach rechts hinauf. Dahinter tauchen die ersten kleinen Klippen rechts am Weg auf.

Wo der ansteigende Hohlweg zu einer weiten Linkskurve ansetzt, gehen Sie nach rechts die Treppe hinauf, um den lohnenswerten Abstecher auf den Kleinen und Großen Burgberg (beschildert) zu unternehmen. Oben halten Sie sich links und kurz darauf an einer Gabelung rechts (hierhin kommen Sie gleich wieder zurück).

Wo Sie geradeaus den Gipfel des Kleinen Burgberges erahnen können, halten Sie sich halb rechts zu den Felsen hinauf. Dort finden Sie neben den Felsen eine schöne Wiese, die zur Rast einlädt. Hinter den Gipfelfelsen, die von einer Wetterfahne gekrönt sind, liegt ein Aussichtsplateau mit Sitzbank und Geländer. Hier schweift der Blick über Bad Harzburg hinweg weit ins Harzvorland.

Hinter dem Gipfel gehen Sie auf einem tollen Pfad gegen den Uhrzeigersinn um den Aussichtspunkt herum – zuerst etwas abwärts und dann links eben weiter. Rechts von Ihnen taucht eine weitere schöne Wiese unter Eichen auf, der nächste Aussichtspunkt. Weiter geht es entlang der Felsen zurück zur Weggabelung. Geradeaus am bewaldeten Hang führt nun der Wanderweg zum Großen Burgberg hinauf.

Er stößt auf einen Schotterfahrweg, der die Harzburg umrundet. Folgen Sie ihm nach rechts leicht ansteigend zur schon sichtbaren Canossasäule. Infotafeln erläutern auf dem gesamten Burgberg die historischen Gegebenheiten – von Krodo, einem Gott der Sachsen, über die deutschen Kaiser Heinrich IV., Barbarossa und Otto IV. bis in die heutige Zeit.

Prominent und einladend thront das Gast- und Logierhaus Aussichtsreich auf dem Gipfel (km 2), und fügt sich trotzdem harmonisch in das Ensemble der Harzburg aus mittelalterlichen Ruinen, steingewordenem kaiserlichen Großmachtstreben und touristischer Infrastruktur ein. Es fällt schwer, hier nicht gleich den ersten Kaffee zu bestellen – zumal das „Aussichtsreich" seinem Namen alle Ehre macht.

Gast- und Logierhaus Aussichtsreich: hell und offen mit einem schönen Garten, leichte, bodenständige Gerichte. ☎ 053 22/27 06, www.plumbohms.de, Di bis So 9:30 bis 18:30 (im Winter etwas verkürzt). Auf der Website finden Sie auch Informationen zur Geschichte des Burgberges sowie zur Burgbergseilbahn.

Der Burgberg für sich wäre schon ein Wanderziel. Besonders interessant ist die Geschichte der mittelalterlichen Kaiserzeit mit ihren verfallenen Mauern und Türmen und die fast 1.000 Jahre alte Wasserversorgung über Fernleitungen aus Ton. Es gibt schöne Picknickplätze unter Bäumen im Gras und die Aussichten reichen bis zum Brocken.

Die Burgbergseilbahn endet direkt an der Harzburg. Folgen Sie dem Wanderweg nach rechts (Osten). Wo von links eine Treppe herunterkommt, treffen Sie auf die beschriebene Route.

Wenn Sie das Aussichtsreich gegen den Uhrzeigersinn umrunden, stoßen Sie auf den quadratischen Sockel eines Turms, den Sie links liegen lassen. Geradeaus über die Brücke gelangen Sie in den östlichen Teil der Burg mit einem runden Turmsockel. Halb rechts führt eine Treppe hinunter auf den Kaiserweg (gelbe Krone), der von der Burgbahn kommt. Folgen Sie ihm nach links (Osten) zu einer romantischen Wegspinne unter Eichen (Antoniusplatz), wo Sie den zweiten Weg von rechts (Rabenklippe) nehmen.

Der Kaiserweg (☞ Wanderung 11) bringt Sie zu einem weiteren Wegstern (km 3) am ⌘ Sachsenbrunnen, einem Teil der mittelalterlichen Wasserversorgung der Burg. Hier verlassen Sie den rechts abbiegenden Kaiserweg und folgen geradeaus dem geschotterten, später aussichtsreichen Wanderweg (Kreuz des Deutschen Ostens).

Das Kreuz des Deutschen Ostens (km 4,7, ⛰ ⛩), das bald auf der Uhlenklippe auftaucht, erinnert an die Vertreibungen nach dem Zweiten Weltkrieg, fordert aber auch Frieden und Versöhnung ein. Auf zehn im Halbkreis aufgestellten Granitblöcken finden sich die Wappen der früher deutschen Regionen im heutigen Polen.

Folgen Sie dem Forstweg, bis Sie eine querende Schotterforststraße erreichen (↳ Hier können Sie nach links einen Abstecher auf die 1,6 km entfernte Klippe Kattnäse einlegen, die neben tollen Aussichten auch einen wunderschönen Rastplatz anbietet.) Zur Rabenklippe geht es hier nach rechts ✎. An der nächsten und übernächsten Gabelung gehen Sie jeweils links hinunter (✎ Rabenklippe) und erreichen das wunderbar auf einer Felsterrasse zwischen Luchsgehege und Eckertal gelegene Gasthaus Rabenklippe (km 6,7).

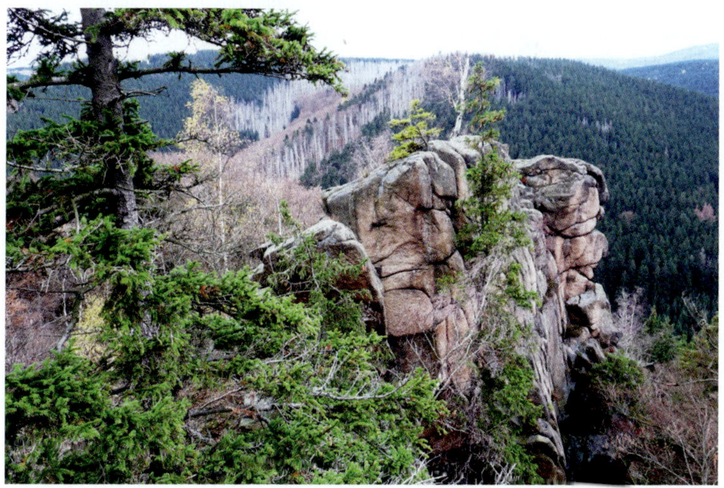

An der Rabenklippe

✕ Das Gasthaus Rabenklippe ist ein beliebtes Ziel und ☝ gerade vor und nach der Luchsfütterung sind auch schon mal alle Tische belegt. ☏ 053 22/28 55, 💻 www.rabenklippe.de, 🚪 Di bis So 10:00 bis 18:00. Die Website informiert auch über das Luchsprojekt im Harz und die Fütterungszeiten (Mi und Sa 14:30).

Direkt hinter dem Gasthaus liegen die knorrigen Granitklippen mit einer 🏛 Aussichtskanzel. Weiter halb rechts am Luchsgehege entlang erreichen Sie bald die überdachte Aussichtsplattform, wo auch die Fütterung stattfindet. Sich links haltend folgen Sie – an der Bushaltestelle („Rabenklippe") des Saisonbusses vorbei – der Forststraße Richtung Molkenhaus. Geradeaus überqueren Sie die „Tiefe Kohlstelle" mit einer Köhlerköte und einer Schutzhütte (km 7,6, Abkürzung zurück zum Burgberg nach rechts möglich). Durch einen schönen Birkenwald überqueren Sie etwas später den Echoplatz. Der „Firstweg" läuft – jetzt auch wieder als „Kaiserweg" – durch halb offenes Gelände.

Links unten taucht bald eine Bachkerbe auf, hinter der das Waldspielgelände durch die Bäume zu erahnen ist. An der nächsten Kreuzung gehen Sie geradeaus über einen Grillplatz auf den idyllischen Hasselteich zu (km 9,5). Rechts liegt das empfehlenswerte Molkenhaus mit seinem sonnigen Biergarten (km 9,6, Informationen Wanderung 7).

Auf der Forststraße lassen Sie das Molkenhaus und die darauf folgende Bushaltestelle links liegen und folgen der Beschilderung „Bad Harzburg". Die Forststraße schwenkt im Bogen nach rechts (hier könnten Sie geradeaus über die Ettersklippe nach Bad Harzburg absteigen). Hinter der Kurve führt im spitzen Winkel abzweigend ein weiterer Wanderweg nach links unten (Bad Harzburg Wanderweg).

Kinderwagen, Fahrräder oder andere auf befestigten Grund angewiesene Vehikel bleiben auf der Forststraße (Kalte-Tal-Straße) und treffen beim Baumwipfelpfad wieder auf den Wanderweg.

Durch einen schönen steinigen Hohlweg wandern Sie in artenreichem Mischwald talwärts. Ein kleiner Bach gesellt sich links zu Ihnen, eine Abzweigung nach rechts zum Burgberg ignorieren Sie. Bald erreichen Sie ein Gebäude, hinter dem Sie die rechts oben am Hang liegende Sennhütte sehen (keine Bewirtung).

Im weiteren Wegverlauf passieren Sie einen Teich, der Bach fließt nun rechts von Ihnen. Die Bergstation der Seilbahn und der Baumkronenpfad durchbrechen bald die Waldkulisse. Auf der anderen Talseite kommt die Kalte-Tal-Straße heran, am Bach liegen einige Rastplätze. Geradeaus überqueren Sie einen wasserführenden Graben und unterqueren die wuchtige Konstruktion des Baumwipfelpfads. Links liegt ein Hochseilgarten (055 83/92 26 28, www.skyrope.de), kurz darauf folgt ein Märchenwald mit Streichelzoo und Kindereisenbahn (km 12, 053 22/35 90, www.maerchenwald-harz.de).

Auf der Fußgängerbrücke überqueren Sie die Bundesstraße und halten sich im Kurpark rechts (links liegt die Talstation der Seilbahn, dahinter die Sole-Therme). Zwischen Bach (Radau, links) und Straße (rechts) führt Sie der Weg zum Berliner Platz P zurück. Davor liegt rechts das Haus der Natur mit einer interaktiven Ausstellung zum Thema Wald (053 22/78 43 37, www.haus-der-natur-harz.de).

15 Ilsetal, Ilsestein und Plessenburg: Bergbäche und Granitklippen

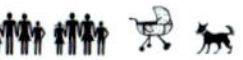

Tour für Naturliebhaber, Wasserläufer und Weitblicker

Diese Wanderung beginnt gleich besonders attraktiv, wenn Sie entlang der Ilse sanft bergauf steigen. Granitwände, große Blöcke und ein Bergbach mit vielen Badegumpen begleiten den naturnahen Wanderpfad. Später geht es auf einem Höhenweg mit weiten Aussichten – auch auf den Brocken – entspannt dahin, bis Sie das Waldgasthaus Plessenburg nach der Hälfte des Weges erreichen. Frisch gestärkt sind Sie dann bereit für die Paternosterklippen und den Ilsestein, mächtige Felsbastionen über dem tief eingeschnittenen Ilsetal. Auf- und Abstiege sind leicht zu bewältigen. Bunte Buchen-, Fichten- und Lärchenwälder, hin und wieder auch freie Flächen begleiten den Weg. Wander- und Wirtschaftswege prägen die Strecke zu gleichen Teilen.

Start/Ziel: Wendeschleife im Ilsetal vor dem Waldhotel Ilsestein, GPS N 51° 51.023' E 010° 39.941'

12,5 km (ab/bis Bahnhof 19 km)

3 Std. 30 Min. (ab/bis Bahnhof 5 Std.)

350 m/350 m

320-592 m

Bis zur Bremer Hütte ist die Strecke als Heinrich-Heine-Weg markiert, dann beschildert mit „Plessenburg“ (rotes Dreieck) und anschließend „Ilsetal“ (roter Kreis).

Waldgasthaus Plessenburg (km 7,5) nach gut der Hälfte des Weges (im Sommer auch mit einem kleinen Linienbus erreichbar), verschiedene Cafés und Restaurants zwischen Wanderparkplatz und Ilsenburg. Das Waldgasthaus am Ilsestein wird umgebaut und ist meist geschlossen.

Die Route ist gut mit Rastplätzen und Schutzhütten ausgestattet. Für eine Pause bieten sich z. B. die Bremer Hütte (km 4,2) oder die Schutzhütte an der Plessenburg (km 7,5) an.

Kinder erfreuen sich am Bachbett der Ilse. Hier gibt es viele Stellen, wo sie gut ans Wasser kommen. Die spektakulären Felsen zwischen Plessenburg und Ilsetal lassen ebenfalls Kinderherzen höher schlagen, sofern sie schon sicher darauf herumkraxeln können und dürfen.

Mit dem Buggy nehmen Sie bis zur Bremer Hütte die Forststraße. Danach kommen immer mal wieder kurze Stücke, die etwas holperig, mit großen Rädern am Kinderwagen aber machbar sind.

Die Wanderung ist im Prinzip für Hunde geeignet, die aber im Nationalpark an der Leine gehen müssen.

Die Wanderung ist auch für Schneeschuhe geeignet.

P Pkw können am Ende der Straße ins Ilsetal parken. Die letzte Parkmöglichkeit ist als solche ausgeschildert. An der etwas weiter taleinwärts liegenden Wendeschleife gibt es nur noch Bus- oder Behindertenparkplätze.

Der „Ilsetaler" (Linie 288) verbindet von Mai bis Oktober viermal am Tag Wernigerode, Ilsenburg, das Ilsetal, die Plessenburg und Drei Annen Hohne.
hvb-harz.de/regionalverkehr-region-wernigerode/

Von/über Goslar und Wernigerode ist Ilsenburg sehr gut mit dem Zug zu erreichen, etwa stündlich.

Der 3 km lange Weg vom Bahnhof zum Wanderparkplatz allein wäre schon eine Wanderung wert und führt angenehm durch das schöne Fachwerkstädtchen und das Ilsetal.

Über den Heinrich-Heine-Weg auf den Brocken: Folgen Sie der Beschreibung bis zu den Ilsefällen und der Bremer Hütte, dann gut beschildert bis zum Gipfel (S. 101, 4 Std., 10 km, ↑ ↓ 800 m ab Wanderparkplatz Ilsetal). Die Brockenbahn verbindet den Gipfel mit Wernigerode, von dort fahren Sie mit der Regionalbahn zurück nach Ilsenburg.

In Ilsenburg, durch das Sie bei der Anreise gekommen sind, gibt es einige historische Fachwerkhäuser, einen See, ein Schloss und einige schöne Gaststät-

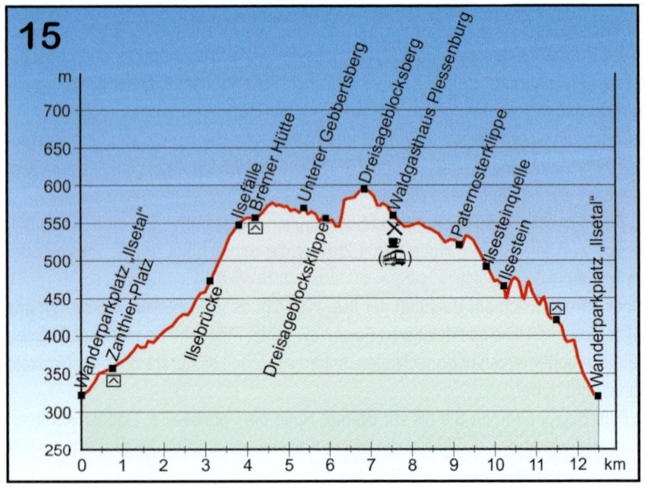

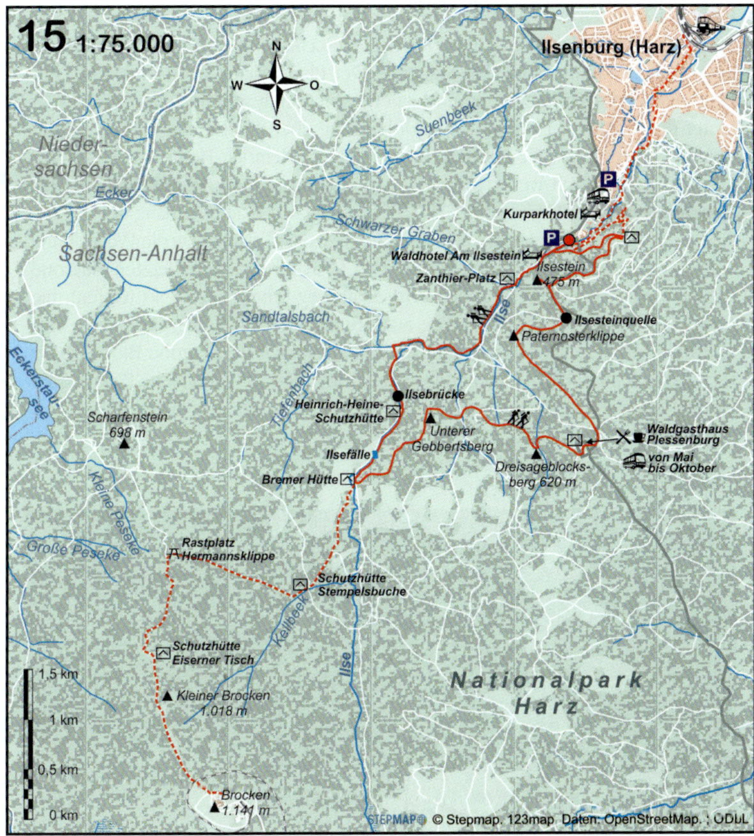

ten. Die Tour beginnt am Rand des Ortes an der Blankschmiedebrücke. Gleich zu Anfang weisen die Schilder des Brocken-Weges nach links von der Talstraße weg in einen idyllischen Uferweg. Sie folgen der Ilse auf der (gegen die Fließrichtung gesehen) linken, östlichen Seite durch Laubwald und zwischen großen Felsbrocken hindurch. Bleiben Sie nahe am Ufer, wenn der Weg sich verzweigt.

Nach ca. 500 m führt der Weg über eine Brücke auf die rechte (westliche) Seite der Ilse, wo Sie die Straße queren und auf den Zanthier-Platz mit ⌂ Schutzhütte treffen. Folgen Sie der Beschilderung des Heinrich-Heine-Weges

Richtung Brocken und Ilsefälle. Die nächste Brücke an der Pegelanlage und die darauf folgende Holzbrücke ignorieren Sie. Rechts und links des Weges bieten umgestürzte Bäume eine wilde Szenerie. Der Pfad verläuft nahe am Wasser entlang und kann nach Regen hier und da etwas matschig sein. Er führt etwa 1,7 km hinter dem Zanthier-Platz auf einer Holzbrücke über die Ilse und hoch zur Forststraße. Diese queren Sie und folgen dem Schild „Heinrich-Heine-Weg" (✎ 9E). Der Aufstieg verläuft weiter im Ilsetal, das hier aus der Ost-West-Richtung nach Süden abgeknickt ist. Es geht malerisch auf schmalen Pfaden entlang der Ilse hinauf, die Steigung nimmt etwas zu. Moosbewachsene Felsen, skurrile Wurzeln und kleine Wasserfälle erfreuen den Wanderer. Ca. 500 m nach der letzten Flussquerung kreuzen Sie die Ilse und den Wirtschaftsweg erneut nach links (Osten), hier nennt sich der Heinrich-Heine-Weg auch Bremer Weg (✎ 9E). Kompakte Granitwände säumen linker Hand den teilweise schmalen Pfad, große Blöcke liegen rechts unten im Bachbett. Hin und wieder stoßen Sie auf gemütliche Picknickplätze mit Tischen und Bänken und auf die Ilsefälle, bei denen es sich eher um Felsstufen im Bachlauf handelt.

Im Ilsetal

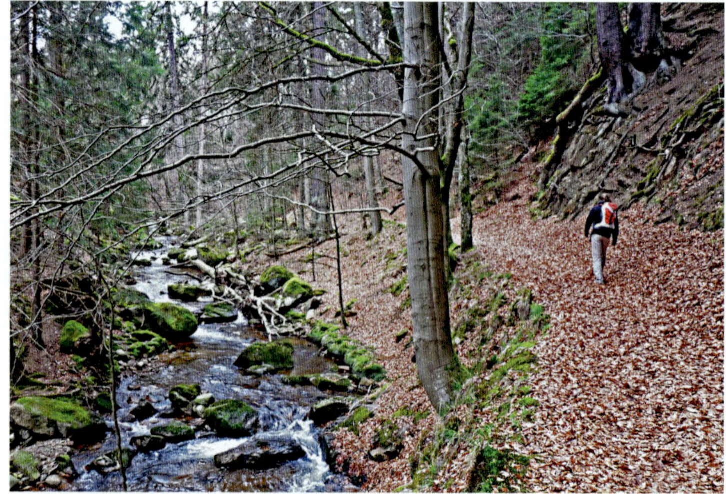

Bald wird die Steigung sanfter und der Blick offener. Die großen Stürme – wie Kyrill im Jahr 2007 – haben auf der gegenüberliegenden Talseite weite Flächen der Fichtenforste niedergemäht. Hier kann sich, da das Gelände zum Nationalpark gehört, die Vegetation als gesunder Mischwald neu entfalten. ☺ Informationen dazu liefert ein Schild an der Bremer Hütte.

Auf der hiesigen Talseite mischen sich immer mehr Fichten und Lärchen in den Buchenwald. Kurz vor der Bremer Hütte, einer winzigen Schutzhütte, führt von rechts die Forststraße heran.

Über den Heinrich-Heine-Weg auf den Brocken: Von der Bremer Hütte verläuft der Aufstieg (⌛ 2 Std. 30 Min., 6 km, ↑ 600 m ab Bremer Hütte) auf durchgehend beschildertem Weg über die Hermannsstraße, Hermannsklippe, Bismarckklippe und den Kleinen Brocken zum Brockengipfel. Diese ist eine der schönsten Aufstiegsrouten. Sie vermeidet die asphaltierte und belebte Brockenstraße. (☞ Wanderung 10, Exkurs „Der Brockengipfel“; ☞ Karte vom Brocken S. 53)

An der Bremer Hütte verlassen Sie den Heinrich-Heine-Weg, der rechts von der Hütte weiter zum Brocken führt. Folgen Sie dem nach links zurück abzweigenden Wirtschaftsweg aufwärts. Das Schild „Plessenburg 3,2 km“ weist den Weg.

Zuerst steigt die Route auf Schotter an, bald wird sie aber flacher und führt ohne weitere große Steigungen auf der Höhe entlang. Rechts liegen Lärchenwälder, die im Frühjahr mit frischem Grün und im Herbst mit leuchtendem Gelb viel Farbe in die Landschaft bringen, dazwischen immer wieder große Granitblöcke.

Etwas über 1 km hinter der Bremer Hütte weist ein Schild links des Weges nach rechts: „Aufstieg zur Klippe“. Nach einer kurzen Kraxelei von 1-2 Min. stehen Sie auf der Granitklippe des Unteren Gebbertsberges mitten im Wald, einem ruhigen, mystischen Platz für ein Picknick.

Wieder zurück auf dem Höhenweg, biegt dieser nach und nach Richtung Osten und Südosten um. Erste Blicke durch Waldlichtungen auf Ilsenburg und das Harzvorland werden frei. Überall liegen Felsblöcke verstreut. Eine Abzweigung hinter einem Bach nach rechts sollten Sie ignorieren, stattdessen links dem Schild „Gasthaus Plessenburg 1,6 km“ folgen. Hin und wieder werden Blicke auf die Granitwände bei Ilsenburg frei.

Wo der Höhenweg in eine Gefällstrecke übergeht, biegt nach rechts aufwärts der Weg zum Gasthaus Plessenburg ab. Der grasige und steinige Weg zieht sich durch Windbruchflächen und geisterhaft in den Himmel ragende Skelette abgestorbener Baumriesen. Gesünder und frischer wirken die Lärchengruppen, die immer wieder malerisch auf Felsköpfen stehen.

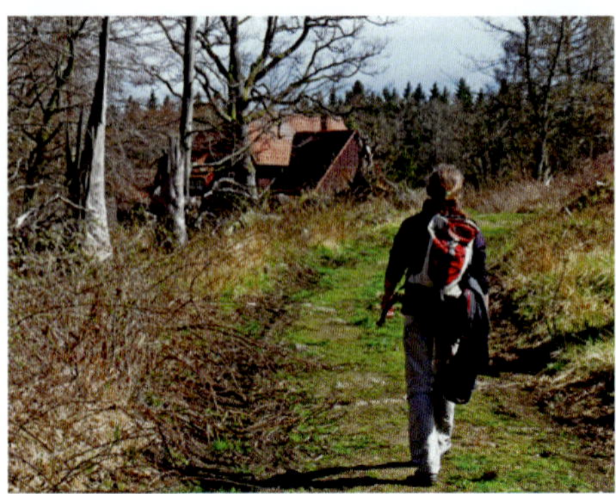

Am Forsthaus Plessenburg

Am Dreisageblocksberg biegt der Wanderweg nach links ab, zum Gasthaus sind es noch 500 m. Bald taucht das Forsthaus Plessenburg geheimnisvoll aus dem Wald auf. Die Gaststätte (km 7,5) befindet sich in dem etwas größeren Gebäude links unterhalb. Auch eine Schutzhütte für ein mögliches Picknick steht hier. Bis hier haben Sie etwas über die Hälfte des Rundweges zurückgelegt (⌛ ca. 2 Std.), also ein optimaler Zeitpunkt für eine Stärkung.

Plessenburg
Die Lichtung der Plessenburg wurde 1768 als Köhlstätte erwähnt. 1775-76 wurde hier für den Prinzen von Anhalt-Köthen das Jagdschloss Plessenburg erbaut, das heutige Forsthaus. Er benannte es nach dem schlesischen Ort Pleß, in dem seine Familie ein Landgut besaß. 1880 entstand das Küchen- und Personalhaus im Fachwerkstil. Durch Enteignung kamen die Gebäude nach 1945 in öffentliche Hand, und das Personalhaus wurde zur Gaststätte umgebaut. Seit 1992 ist das Waldgasthaus wieder in Privatbesitz.

✕ ☕ Das Selbstbedienungsrestaurant Plessenburg lockt mit leckerem Kaffee und Kuchen sowie verschiedenen herzhaften Gerichten wie Eintöpfen, Gulasch, Fisch u. v. m. Bei sonnigem Wetter sitzen Sie sehr angenehm im Biergarten. ☎ 039 43/60 75 35, 💻 www.plessenburg.de, 🚪 Mai bis Oktober tägl. 10:00 bis 18:00, November bis April täglich außer Mi 10:00 bis 17:00. 🚌 Von Mai bis Oktober ist das Gasthaus auch mit dem kleinen Wald-Linienbus „Ilsetaler" (Linie 288) erreichbar. ↳ Daher ist hier auch der Einstieg in die oder Ausstieg aus der Wanderung möglich. Mit privatem Pkw ist die Hütte nicht erreichbar.

Gegenüber dem Eingang ins Gasthaus, neben den beiden Köten (Holztipis), führt der Weg in den Wald Richtung Ilsenburg. Kurz darauf biegen Sie am Schild (✎ Ilsestein 2,1 km) links auf den breiteren Weg ab. Diesem folgen Sie über die nächste Kreuzung 🚌 hinweg geradeaus, immer Richtung Ilsestein (✎ roter

Punkt). Mit geringem Gefälle zieht sich der Erdweg durch Fichtenwald, immer wieder mit Felsblöcken und Ausblicken ins Tal gespickt. Besonders rasant wird es in einer Rechtskurve, wo linker Hand die Paternosterklippen aufragen. Mit leichter Kraxelei können Sie diese Felsen erklimmen und einen Blick auf den nahen Brocken oder tief ins Ilsetal werfen. Im Schatten der alten Buchen und jungen Birken lässt es sich prima rasten.

Dem Weg weiter folgend, gelangen Sie zur Ilsesteinquelle, einem Rinnsal, das sich seinen Weg aus einer Gruppe von Granitfelsen heraus sucht. Der Pfad ist abwechselnd steinig und lehmig, bis er im spitzen Winkel in eine von rechts kommende Forststraße mündet.

Schon 100 m weiter liegt, auch wieder links des Weges, auf 475 m Höhe eine noch spektakulärere Felsszenerie: der Ilsestein. Wie der schlanke Bug eines Schiffes streckt sich die Felsrippe 50 m in das Ilsetal hinein. Talaufwärts thront der markante Brocken, talwärts geht der Blick über den Ort Ilsenburg weit in das Harzvorland. Schauen Sie direkt nach unten, dann erkennen Sie 150 m senkrecht unter sich Start und Ziel Ihrer heutigen Wanderung.

Am Ilsestein

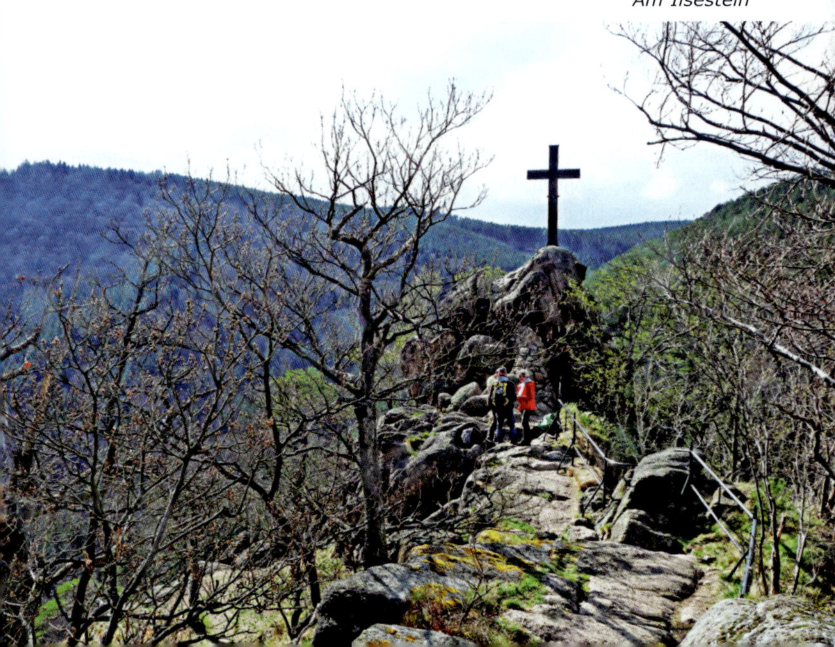

Bei Gewitter sollten Sie den Felsen meiden, er ist dann sehr blitzschlaggefährdet.

Die Burg Ilsenstein

Die Burg, die an dieser Stelle stand, wurde 1007 erbaut und schon 10 Jahre später wieder zerstört. Nur einige Mauerreste lassen sich noch zwischen den Granitblöcken entdecken. Nachdem Kaiser Otto III. die Burg im Tal an den Bischof von Halberstadt zur Gründung eines Klosters verschenkt hatte, wurde auf dem Ilsenstein eine Ersatzburg errichtet. Sie diente als Jagdpfalz und zum Schutz des Klosters. Nach diversen Konflikten zwischen Kirchen- und Kaisertreuen wurde die Burg 1107 durch den Bischof von Magdeburg endgültig zerstört.

Aus „Die Harzreise" von Heinrich Heine:

„Der Ilsestein ist ein ungeheurer Granitfelsen, der sich lang und keck aus der Tiefe erhebt. Von drei Seiten umschließen ihn die hohen waldbedeckten Berge, aber die vierte, die Nordseite, ist frei, und hier schaut man in das unten liegende Ilsenburg und die Ilse, weit hinab ins niedere Land. Auf der turmartigen Spitze des Felsens steht ein großes eisernes Kreuz, und zur Not ist da noch Platz für vier Menschenfüße."

☺ Einen weiteren Auszug aus der Harzreise mit der Legende der Prinzessin Ilse lesen Sie auf ausgehängten Schautafeln am Ilsestein.

Bei einer Pause haben Sie hier die Wahl zwischen mehreren Bänken im Schatten alter Eichen und einigen kleinen, sonnigen Wiesenstücken, auf denen Sie sich niederlassen können. Die am Weg gelegene Gaststätte befand sich 2017 bis auf Weiteres im Umbau.

Folgen Sie weiter dem Wirtschaftsweg (✎ roter Punkt) und ignorieren Sie die Abzweigungen nach rechts über den Stumpfrücken. Zwischen Buchen- und Fichtenwald führt der Weg Sie zu einer kleinen Schutzhütte. Dahinter führt der Hauptweg gegen den Uhrzeigersinn um die Nurdachhütte herum (✎ Waldhotel Ilsetal) und bequem hinab ins Ilsetal. Unten an der Talstraße wenden Sie sich nach rechts und gelangen nach 200 m zur Wendeschleife, an der Sie gestartet sind.

Wenige Schritte länger, aber schöner ist der Weg, wenn Sie von der Schutzhütte ein paar Meter in bisheriger Gehrichtung weiterwandern. Dann laufen Sie links hinunter und steigen über schmalere Pfade ins Ilsetal ab. Dazu halten Sie sich immer nach links/unten und kommen direkt an der Wendeschleife heraus.

16 Klippen, Pfade und Eisenbahnromantik: Von Schierke über die Zeterklippen zur Steinernen Renne

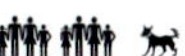

Tour für Naturliebhaber, Felsenanbeter, Eisenbahnfreunde und Familien

Diese Wanderung hat alles, was eine Traumtour im Oberharz braucht: felsige Klippen, tolle Aussichten, sprudelnde Gewässer, romantische Fußwege und eine Rückfahrt per Dampflok. Dazu lädt an der Steinernen Renne ein besonders charakterstarkes Gasthaus zur Einkehr ein. Viele Wege laufen als Pfad naturnah über sonnige Lichtungen und durch abwechslungsreiche Wälder, hin und wieder wandern Sie auch auf Schotterwegen.

→ Start: Bahnhof Schierke, GPS N 51°45.910' E 010°40.660'; Ziel: Hasserode, Bahnhof Steinerne Renne, GPS N 51°49.000' E 010°43.560'

15 km

4 Std. 30 Min.

↑ ↓ 280 m/640 m

⇧ 320-930 m

Die Zwischenziele sind gut namentlich ausgeschildert.

Waldgasthaus Steinerne Renne (km 12,5), Bahnhof Schierke (nach Rückkehr mit dem Zug)

Es stehen hin und wieder Tische und Bänke am Weg, aber auf den und um die Klippen herum bietet die Natur noch schönere Rastplätze. Schutzhütten finden Sie bei km 7,2 und km 8,6.

Viele Klippen und schmale Pfade machen den Weg spannend und die Hin- oder Rückfahrt mit dem Dampfzug ist ein Höhepunkt für sich.

Für Kinderwagen sind die Wege nicht geeignet.

Da die Tour bis kurz vor der Steinernen Renne im Nationalpark verläuft, gilt fast überall Leinenpflicht.

Die Route ist auch eine fantastische Schneeschuhtour. Winterwanderer können von Hasserode auf präpariertem Winterweg zur Steinernen Renne aufsteigen.

P Einen kostenpflichtigen Parkplatz gibt es am Bahnhof Schierke (€ 5/Tag, etwas unterhalb im Ort € 3), kostenfrei können Sie am Bahnhof Steinerne Renne oder am Bahnhof Hasserode parken.

Anfang und Ende der Wanderung sind per Bus und z. T. dampfbetriebener Harzquerbahn sehr gut miteinander und mit dem überregionalen Verkehrsnetz verbunden. Auskünfte zur sehr empfehlenswerten Zugfahrt bekommen Sie unter

☏ 039 43/55 80 und 💻 www.hsb-wr.de. Eine komfortable Fahrplanauskunft für Bahn und Bus bei dieser Tour bietet 💻 www.insa.de.

☺ Beginnen Sie den Wandertag mit der Dampflok-Bahnfahrt von Wernigerode-Hasserode nach Schierke, dann müssen Sie nach der Wanderung nicht auf den Zug warten.

☺ ↳ Vom Bahnhof Steinerne Renne können Sie weiter bis Hasserode absteigen und auch von dort mit dem Zug (oder Bus) nach Schierke oder Wernigerode zurückfahren.

✋ Beide Bahnhöfe am Ende der Tour bieten keine Einkehrmöglichkeiten und die Restaurants in Hasserode haben nachmittags meist geschlossen.

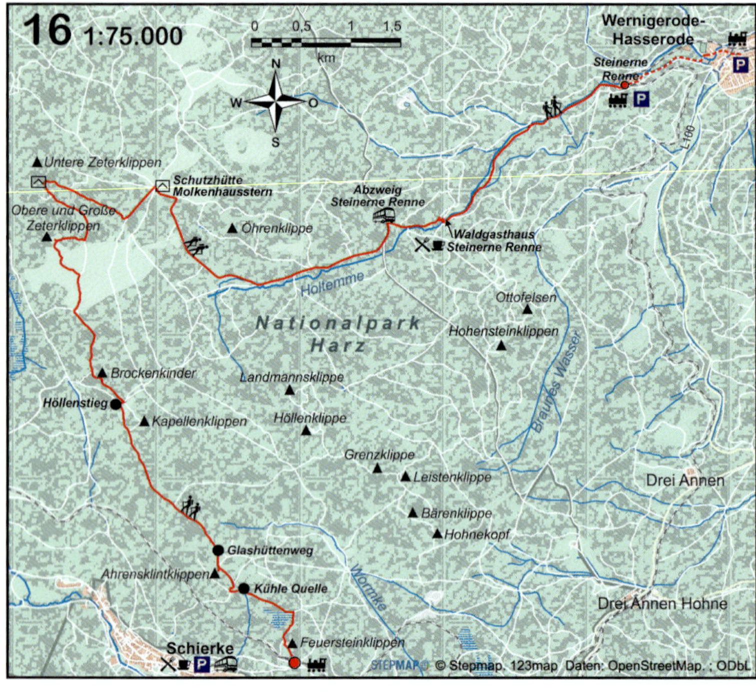

Wenn Sie vor dem Bahnhofsgebäude in Schierke stehen und über die Gleise schauen, sehen Sie rechts einen Bahnübergang und auf der anderen Seite mehrere Wanderschilder. „Feuersteinklippe“ und „Ahrensklint“ weisen den Weg hinauf in den Wald. Die Feuersteinklippe erreichen Sie schon nach 5 Min. Sie gab dem berühmtesten Getränk der Region den Namen: Schierker Feuerstein. Die Klippe steht wie ein Turm auf der schmalen Lichtung. Häufig testen hier im kompakten Granit Kletterer ihre Fähigkeiten.

Der Pfad führt links an der Klippe vorbei aufwärts. An einer bald folgenden T-Kreuzung wandern Sie auf dem befestigten Weg nach links, dann etwa 700 m bis zum Pfarrstieg. Diesen wandern Sie rechts hoch, der Weg wird schmaler und nach weniger als 100 m geht es wieder nach links (gut ausgeschildert mit „Ahrensklint"). Sie erreichen an der Stempelstelle Ahrensklint die ersten tollen Aussichtsklippen, die links des Weges liegen. Eine Stahltreppe führt hinauf.

Anschließend folgen Sie weiter dem Pfarrstieg Richtung Glashüttenweg. Letzteren erreichen Sie nach 100 m und folgen ihm links Richtung Brocken, der nach etwa 20 Min. gut zu sehen ist. Sie befinden sich hier auf dem berühmten Hexenstieg, der den Harz von West nach Ost durchquert.

Nach fast 2 km auf dem geschotterten Glashüttenweg biegen Sie nach rechts (Richtung Wernigerode) auf den Weg 11D ab. Hier zweigt nach wenigen Schritten (etwa 50 m) ein anfangs unscheinbarer und unbeschilderter Pfad links ab. Folgen Sie diesem in den Wald. Hin und wieder finden Sie Reste der Beschilderung, die nicht mehr instand gehalten wird. Trotzdem ist der Weg leicht zu finden.

Sie können geradeaus über den Höllenstieg (11D) zur Steinernen Renne abkürzen. Dann entgehen Ihnen aber mit den Brockenkindern und den Zeterklippen die schönsten Aussichtstürme der Wanderung.

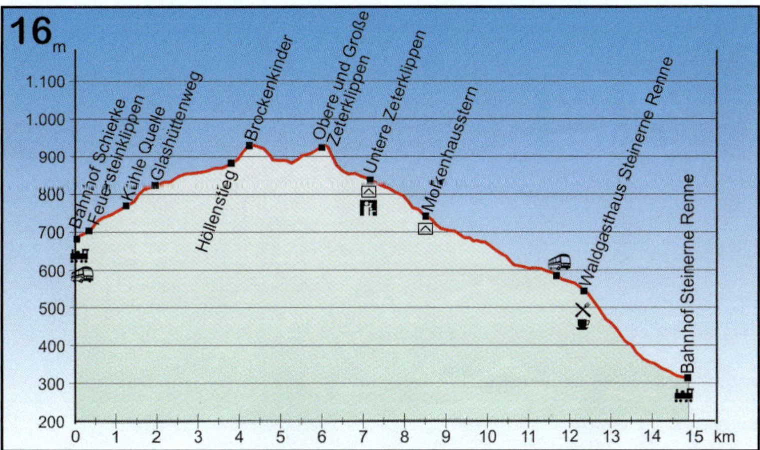

Auf diesem schmalen Pfad folgen immer wieder ausgesprochen idyllische Picknickstellen. Weiche Grasflächen sind von Klippen geschützt und im Spätsommer mit Heidelbeeren gut versorgt. Die niedrigen Klippen eignen sich nicht nur für Kinder zum Herumklettern.

Ein Wegweiser markiert die Klippenformation namens Brockenkinder. Hier zieht der Pfad nach rechts und die Zeterklippen sind ausgeschildert (Zeterklippe 1,4 km). Der spannende Pfad führt nun als Weißtannenhaiweg („Hai" bedeutet Köhlerstelle) durch abwechslungsreichen Wald und über felsige Lichtungen.

Folgen Sie den nach links weisenden Schildern zur Großen Zeterklippe. Die höchste der Klippen ist über eine Stahlleiter zu erklimmen. Die Aussicht auf den Brocken, auf Wernigerode und weit in die Norddeutsche Tiefebene hinein ist atemberaubend.

Von der Großen Zeterklippe führt der Pfad hinunter zu einem steinigen Forstweg, dem Sie links folgen. An der Schutzhütte vor der Unteren Zeterklippe (km 7,2) biegt der Weg scharf nach rechts. An der nächsten Abzweigung geht es links auf dem Forstmeister-Sietz-Weg weiter bis zur Schutzhütte am Molkenhausstern (km 8,6). Nach rechts folgen Sie der Molkenhauschaussee im Tal der Kleinen Holtemme bis zur Abzweigung Hanneckenbruch (km 11,5).

Auf den Zeterklippen

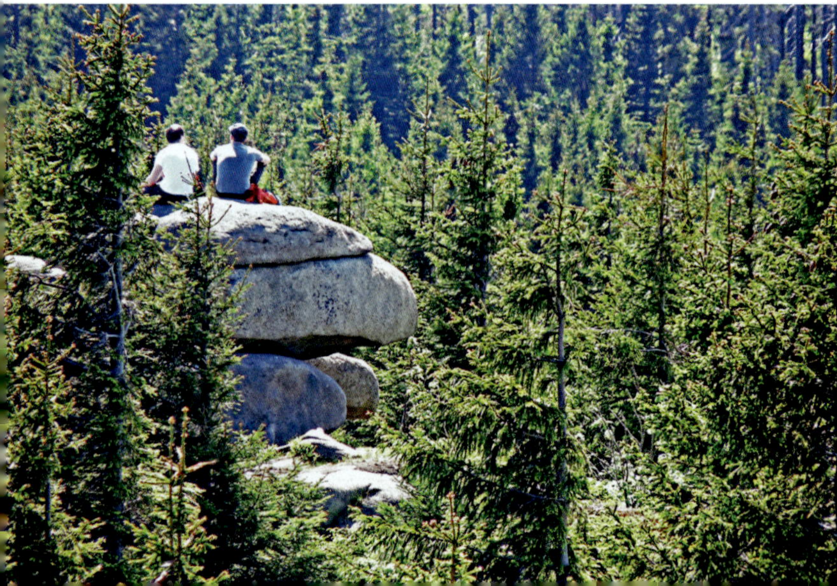

Hier könnten Sie über die Eschwegestraße entlang der mächtigen Hohensteinklippen nach Drei Annen Hohne absteigen (5,2 km, 1 Std. 30 Min.).

Keine 200 m weiter an der Bushaltestelle „Abzweig Steinerne Renne“ (der Wanderbus verbindet Di, Do und Sa in der Saison Wernigerode, Ilsenburg und Drei Annen Hohne, Wanderung 17) biegen Sie rechts ab und erreichen nach weiteren 600 m das perfekte Zwischenziel zur Mittags- oder Nachmittagspause.

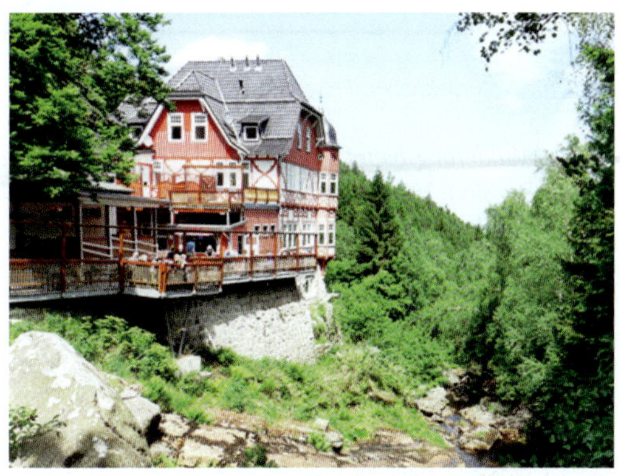

Gasthaus Steinerne Renne

Das Gasthaus Steinerne Renne liegt als prächtiger Fachwerkbau spektakulär über den Kaskaden der Holtemme. Von der Terrasse aus haben Sie bei Kaffee, Kuchen oder herzhaften Harzer Gerichten einen fantastischen Blick. Passend zu Ihrer möglichen Rückfahrt befindet sich im Gasthaus eine Modelleisenbahnausstellung. Auch übernachten könnten Sie hier. 039 43/60 75 33, www.steinerne-renne.de, tägl. 10:00 bis 18:00

Der kürzeste und schönste Abstieg vom Gasthaus erfolgt auf der gegenüberliegenden Seite der Holtemme. Hinter der Brücke führt ein Wurzelpfad entlang des Baches hinab. Weiter unten ist der Weg befestigt und wird dann zu einem Forstweg. Nach gut 15 Min. ab Gasthaus erreichen Sie den Bahnhof Steinerne Renne.

Hier gibt es leider keine Einkehrmöglichkeit, die die Wartezeit auf den Zug verkürzt. ☺ Sollten Sie den Zug nehmen wollen, aber noch Zeit haben, dann können Sie in weiteren knapp 30 Min. nach Hasserode absteigen (Bahnhof Hasserode). Dort hält in der Nähe des Bahnhofs an der Hauptstraße auch der Bus nach Schierke/Braunlage bzw. Wernigerode.

⑰ Mit der Dampflok nach Drei Annen Hohne und auf bequemen Wegen zum Ottofelsen

WC

Tour für Naturliebhaber, Felsenanbeter und Familien

Diese Wanderung bietet fantastische Felslandschaften, die auf bequemen Wegen erreichbar sind. Von steilen Granittürmen schweift der Blick über die grüne Waldlandschaft des Harzes mit dem markanten Brocken. Nach Norden liegt Wernigerode zu Füßen des Wanderers, darüber thront das mächtige Schloss und dahinter erstreckt sich bis zum Horizont das fruchtbare Harzvorland. Unterwegs wechseln sich Wälder und offene Flächen mit Buschwerk ab, die immer wieder mit Felsburgen durchsetzt sind. Ein besonderes Schmankerl ist die Anreise mit der Dampfeisenbahn nach Drei Annen Hohne.

Start/Ziel: Bahnhof in Drei Annen Hohne, südlich von Wernigerode, GPS N 51°46.225' E 010°43.615'

9,8 km

knapp 3 Std.

180 m/180 m

520-654 m

Die Route ist mit Ortsnamen („Ottofelsen", „Bhf. Drei Annen Hohne") ausgeschildert.

Einkehren können Sie im Hohnehof (km 1) und am Ziel in Drei Annen Hohne.

Unterwegs finden sich wenige Bänke und keine Schutzhütte, aber bei den Hohensteinklippen (km 3,5) lässt es sich wunderbar rasten.

WC Öffentliche Toiletten finden Sie am Bahnhof von Drei Annen Hohne.

Die moderate Länge der Wanderung und die abenteuerlichen Felsenburgen machen die Tour für Kinder interessant, gegebenenfalls auch die Anreise zum Startpunkt per Dampfzug. Am Hohnehof liegt ein fantasievoller Spielplatz.

Die knapp 4 km bis an die Hohensteinklippen (das Highlight der Tour) verlaufen auf befestigter Forststraße (Eschwegestraße). Nur die letzten Meter in die Felsburgen hinein sind nicht kinderwagentauglich. Zurück gehen Sie am besten auf dem Hinweg (⇆, 7 km, 2 Std.) – der Ottofelsen ist nur über Wurzelwege erreichbar. In der Saison verkehrt auf der Strecke auch ein Bus (☞ S. 111).

Da die Route meist außerhalb des Nationalparks verläuft, gilt nur die eingeschränkte Leinenpflicht vom 1. April bis zum 15. Juli. Man läuft viel auf Schotterforstwegen.

Bis zu den Hohensteinklippen führt ein präparierter Winterwanderweg, der Rest der Runde ist für Schneeschuhe zu empfehlen.

P Rund um den Bahnhof Drei Annen Hohne befinden sich mehrere kostenpflichtige Wanderparkplätze.

Drei Annen Hohne ist per Linienbus und Zug perfekt erreichbar. ☺ Reisen Sie mit der Harzquerbahn, z. B. von Wernigerode oder Nordhausen, an. Die Fahrzeiten und welche Züge von einer Dampflok gezogen werden, erfahren Sie unter www.hsb-wr.de oder ☏ 039 43/55 80 (Harzer Schmalspurbahnen HSB).

Die Route vom Bahnhof über den Hohnehof zu den Hohensteinklippen und weiter nach Ilsenburg wird von Mai bis Oktober zweimal pro Richtung von der Buslinie 228 (Wanderbus „Der Ilsetaler") bedient, allerdings nur Di, Do und Sa. Alle nötigen Informationen dazu bekommen Sie unter www.wernigerode-tourismus.de/service/mobil-vor-ort/wanderbus-ilsetaler.html oder ☏ 03 91/536 31 80 (Harzer Verkehrsbetriebe).

Vom Bahnhof in Drei Annen Hohne überqueren Sie die Landstraße und folgen rechts vom Hotel Kräuterhof der Forststraße zum ausgeschilderten Hohnehof. Eine schöne Allee überquert nach 500 m nach rechts den Wormkegraben und nach weiteren 500 m ist der Hohnehof erreicht, heute ein Nationalparkzentrum mit Informationsstelle, Café und Spielplatz.

Hohnehof, ☏ 03 94 55/86 40, www.nationalpark-harz.de/de/besucherzentren, April bis Oktober tägl. 10:00 bis 17:00, November bis März tägl. 10:00 bis 16:00, geschlossen am 24. und 31. Dezember

Folgen Sie weiter der Forststraße. ☺ Wenn Sie nicht auf ebene Wege angewiesen sind, können Sie 300 m hinter dem Hohnehof in einer Rechtskurve die links abbiegende, unbeschilderte Treckerspur als Abkürzung benutzen (sonst biegen Sie erst am Hohnepfahl links und nach 400 m wieder rechts ab, Ottofelsen). Kurz bevor die Treckerspur wieder auf die Forststraße trifft, kommen Sie an die alte Skihütte.

Die nächsten 1,5 km verlaufen geradeaus auf der Forststraße. Dann kommen Sie an die Bushaltestelle „Abzweig Karlshaus". Rechts biegt ein Wanderweg ab (Ottofelsen), über den Sie nach 100 m die ersten Hohensteinklippen erreichen. Diese liegen rechts des Weges und formen eine fantastische Landschaft, die an Skandinavien erinnert. Mächtige Granittürme ragen in den Himmel, skurrile Birken und Eschen zwängen sich zwischen die Felsen. Gras, Blaubeeren- und Brombeergebüsche überwachsen alte Baumstümpfe.

Kinder und Kindgebliebene können hier nach Herzenslust herumklettern. Es gibt viele schöne Plätze in der Sonne oder im Schatten für die Picknickdecke. Am gegenüberliegenden Ende der Bastion steht ein Hochsitz, der in die Felsen gebaut wurde. Von hier schweift der Blick auf Fichten- und Buchenwälder sowie auf Wernigerode mit seinem mächtigen Schloss und auf das weite Harzvorland. Im Vordergrund dominieren Birken, die im Herbst eine Farbenpracht zwischen Gelb und Rot präsentieren. Am linken Bildrand stehen die nächsten massigen Felsgruppen, teilweise von dürren Fichten besetzt.

Hohensteinklippen

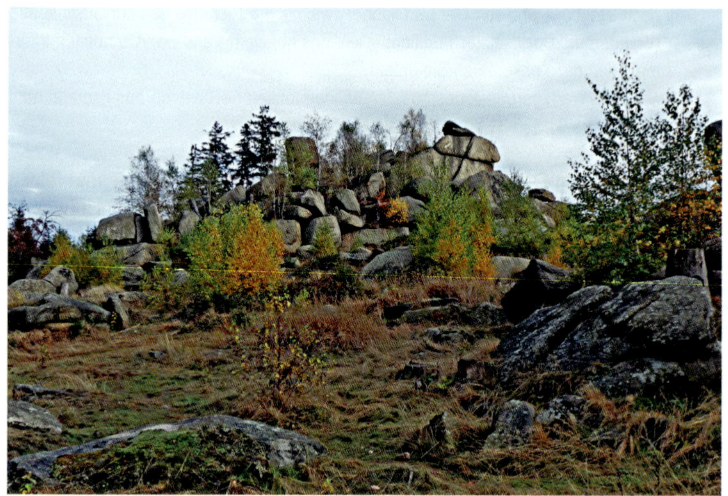

Wer auf befestigte Wege angewiesen ist, kehrt hier um und wandert über den Hinweg zurück.

Die nächsten Klippen erreichen Sie, wenn Sie dem Wanderweg weiter folgen. Auch sie wollen über schmale Pfade entdeckt werden. Anschließend senkt sich der teils steinige Wanderweg stetig ab, bis Sie an einen Wegstern kommen. Nach scharf rechts ist nun noch einmal der Ottofelsen ausgeschildert, zu dem ein 100 m langer Wurzelpfad führt.

Ottofelsen

Plötzlich steht man direkt vor den senkrecht aufstrebenden Felsnadeln. Sie sind von Fichten, Eichen, Buchen, Birken und Eschen umgeben, aber die Spitzen ragen aus dem Wald auf. Eine Eisenleiter führt auf das Naturdenkmal hinauf und

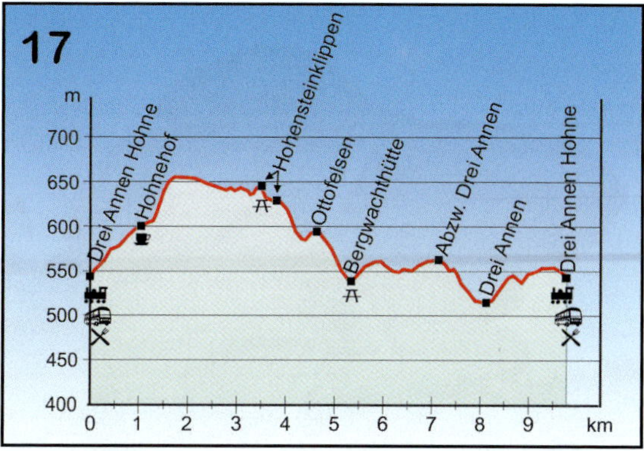

wieder ist der Blick umwerfend. Wernigerode samt Schloss sind noch näher gerückt.

Der Wanderer fühlt sich wie ein Matrose auf dem Ausguck, wenn er über das Waldmeer schaut. Im Herbst hebt sich das bunte Buchenwaldband des Harzrandes deutlich von den höher gelegenen Nadelwäldern ab. Auch der Brockengipfel wirkt unglaublich nah, obwohl er 7 km Luftlinie entfernt ist.

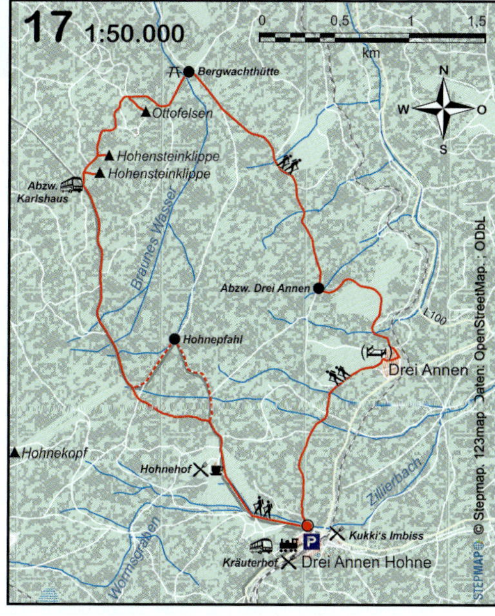

Wenn Sie sich vom Ottofelsen trennen können, gehen Sie zurück zum Wegstern und dann rechts hinab, den Schildern nach Drei Annen Hohne folgend. So gelangen Sie unten an einen Bach, den Sie

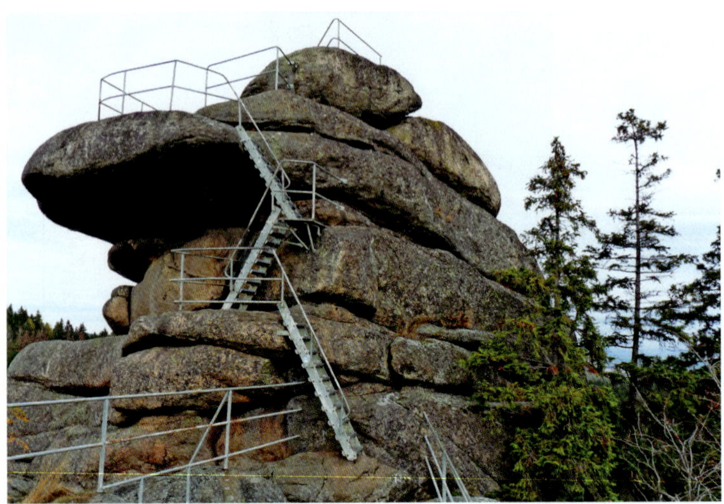

Die Kanzel auf dem Ottofelsen

vor der Bergwachthütte queren. Hinter der Hütte biegen Sie dann rechts in die „Ellenbogen-Chaussee" ein und folgen der Forststraße zur nächsten Gabelung.

Hier ist in beide Richtungen der Bahnhof ausgeschildert, Sie nehmen die linke Abzweigung (22D). 1,5 km weiter hängen an einer Fichte drei Schilder. Hier biegen Sie links ab zum Gasthaus Drei Annen (22D).

Eine 1 km durch offenes Gelände führende Forststraße endet am – leider geschlossenen – Gasthaus und Hotel Drei Annen. Geradeaus ginge es zur Landstraße („Drei Annen Waldgasthaus"), Sie biegen aber schon direkt hinter dem Hotel rechts ab und folgen dem beschilderten Wanderweg immer geradeaus noch 1,6 km durch schönen Wald bis zum Bahnhof Drei Annen Hohne.

Für eine gepflegte Einkehr mit lokalen Spezialitäten bietet sich der Kräuterhof an (03 94 55/840, www.hotel-kraeuterhof.de, durchgehend geöffnet, warme Küche zwischen 11:00 und 21:30, Fr und Sa bis 22:00). Rustikaler geht´s an Kukki´s Gulaschkanone zu, wo die Erbsensuppe fast so dampft wie die vorbeischnaufenden historischen Lokomotiven (03 94 55/386 oder 01 72/371 12 03, www.kukki.de, April bis Oktober tägl. 10:30 bis 17:30, November bis März tägl. 10:30 bis Einbruch der Dunkelheit). Beide Betriebe sind Institutionen im Harz!

18 Hohneklippen-Wormkegraben-Runde: Felsen satt!

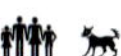

Tour für Naturliebhaber, Gipfelstürmer, Felsenanbeter und Weitblicker

Diese Wanderung steht ganz im Banne der Granitformationen auf dem Hohnekamm. Wie eine Reihe von Burgen stehen sie am Wegesrand und von ihren Gipfeln ist die Aussicht großartig! Wald, viele Lichtungen und halb offenes Gelände wechseln sich ab. Die schmalen Pfade winden sich im Wald über Wurzeln, im Kammbereich sind sie oft felsig und erfordern etwas Konzentration. Andere Passagen verlaufen auf geschotterten Wander- oder Forstwegen. Einige Anstiege sind recht steil. Der Rückweg folgt einem Bergbach und später dem munteren Wormkegraben.

Start/Ziel: Bahnhof in Drei Annen Hohne, südlich von Wernigerode, GPS N 51°46.225' E 010°43.615'

9,5 km

gut 3 Std.

340 m/340 m

545-885 m

gute Ausschilderung mit geografischen Bezeichnungen

Gaststätten am Ende der Tour, per Abstecher auch im Café Hohnehof (km 9), an dem Sie bereits auf dem Hinweg vorbeigekommen sind.

mehrere Schutzhütten (km 2, km 4, km 6,4) und Rastplätze liegen am Weg.

WC öffentliche Toiletten am Bahnhof von Drei Annen Hohne

Einige steile Anstiege sind für Kinder möglicherweise wenig reizvoll, die Felsenlandschaften am Hohnekamm jedoch sehr. Interessant sind auch die Wormke und der Wormkegraben. Bei der Variante über den Hohnehof winkt am Ende noch ein fantasievoller Spielplatz.

Für Kinderwagen sind die schmalen Pfade nicht geeignet.

Die Route verläuft im Nationalpark, Hunde müssen an die Leine.

Loipen und enge, felsige Wege machen die Tour bei Schneelage etwas mühsam.

P Rund um den Bahnhof Drei Annen Hohne befinden sich mehrere kostenpflichtige Wanderparkplätze.

Drei Annen Hohne ist per Linienbus und Zug perfekt erreichbar. ☺ Reisen Sie mit der Harzquerbahn, z. B. von Wernigerode oder Nordhausen, an. Die Fahrzeiten und welche Züge von einer Dampflok gezogen werden, erfahren Sie unter www.hsb-wr.de oder ☎ 039 43/55 80 (Harzer Schmalspurbahnen HSB).

↳ Hinter den Grenzklippen können Sie einen 2 km langen Abstecher auf die Landsmannklippen unternehmen.

↳ Der Umweg am Ende der Tour über den Hohnehof mit Nationalparkzentrum, Café und Spielplatz beträgt nur 600 m.

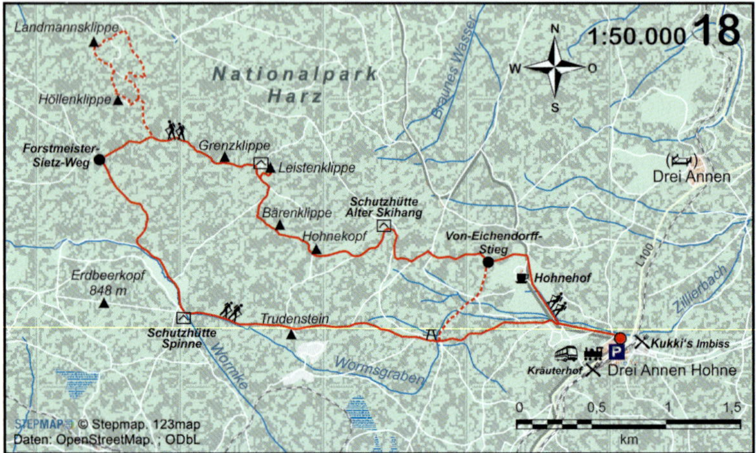

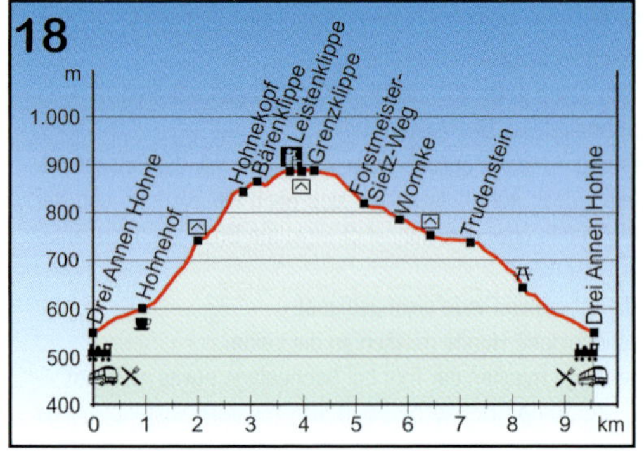

Vom Bahnhof in Drei Annen Hohne überqueren Sie die Landstraße und folgen rechts vom Hotel Kräuterhof der Forststraße zum ausgeschilderten Hohnehof. Eine schöne Allee überquert nach 500 m nach rechts den Wormkegraben und nach weiteren 500 m ist der Hohnehof (☞ S. 118) erreicht.

Hinter diesem biegen Sie nach links auf den beschilderten Kirchstieg ab. Bald darauf führt nach rechts der ebenfalls ausgeschilderte Von-Eichendorff-Stieg Richtung Leistenklippen (✎ 25C) hinauf. Der Weg erreicht eine querende Forststraße, biegt links auf diese ein und führt 130 m weiter wieder rechts hinauf.

Auf den nächsten querenden Forstweg schwenkt der Steig nach rechts ein, um sich sofort wieder links in einem Grasweg fortzusetzen. Dieser erreicht eine kleine Schutzhütte (km 2), die idyllisch unter Buchen liegt. Sie befinden sich nun auf dem „Alten Skihang", einer Lichtung, die sich über den ansteigenden Höhenrücken zu den Felsbastionen hinaufzieht. Grasflächen, Blaubeeren und vereinzelte junge Birken und Fichten bewachsen den Rücken, der im oberen Teil weite Ausblicke auf Wernigerode und dessen Schloss sowie auf das weite Harzvorland freigibt.

Folgen Sie an Gabelungen den Schildern „Leistenklippen". Der Grasweg wird felsiger, immer mehr Klippen tauchen vor allem rechts des Weges auf. Blaubeeren, Birken und alte Baumstümpfe ragen zwischen den Blöcken hervor. Nach links öffnet sich immer wieder der Wald und lässt freie Blicke z. B. auf den Erdbeerkopf (⇧ 848 m) und den Wurmberg (⇧ 971 m) zu.

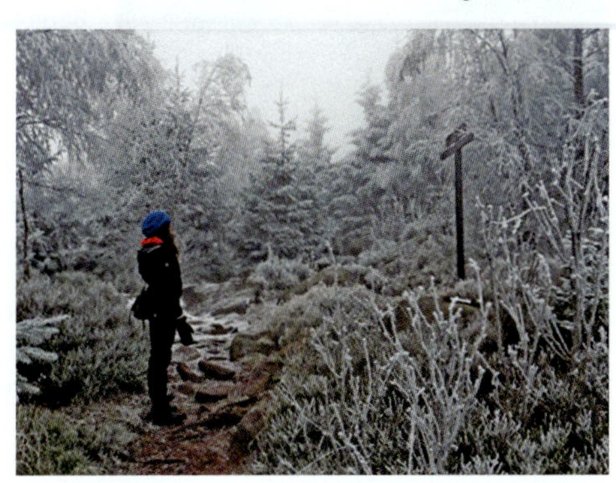

Auf dem Hohnekamm

Schließlich biegt rechts der Zugang zu den Leistenklippen ab. Hinter der Stempelstelle quetscht sich eine Eisentreppe zwischen den Granitbrocken hindurch und hinauf zur Aussichtskanzel auf dem höchsten Felsen.

Nach dem Genuss der Aussicht gehen Sie zurück zum Kammweg und weiter Richtung „Brocken" und „Grenzklippen" – es sei denn, Sie möchten noch eine Rast in der Schutzhütte (km 4) einlegen, die nach rechts ausgeschildert ist und nur 80 m vom Kammweg entfernt liegt.

Die nun rechts am Weg liegenden Grenzklippen sehen teilweise aus wie übereinandergestapelte Pfannkuchen. Andere wirken wie Tische oder Fantasietiere oder sie bilden andere skurrile Formen aus. Der Pfad läuft durch halb offenes Gelände auf den Brockengipfel mit seinen Türmen zu, der zum Greifen nah scheint. Auch links tauchen nun höhere Granitformationen auf. Im Sommer bringen Blaubeeren und im Herbst Fliegenpilze mit ihren kräftigen roten Hauben Farbe in die märchenhafte Szenerie. Später weist ein Schild den „Abgang zum Forstmeister-Sietz-Weg".

Unbeschildert ist der 2 km lange Abstecher, der vom Schild geradeaus über Pfade auf die Höllenklippe und die Landmannsklippen führt.

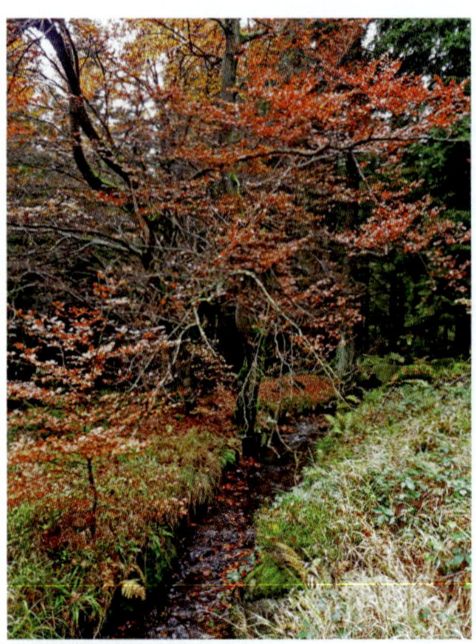
Am Wormkegraben

Der Abgang erreicht nach 350 m den Forstmeister-Sietz-Weg, dem Sie links hinab auf Schotterfahrspuren zur ausgeschilderten „Spinne“ folgen. Der Forstweg zieht sich ins schöne Tal der Wormke mit Laubbäumen und dem murmelnden Bergbach hinab. Alle Abzweigungen werden ignoriert, bis Sie an einen Rastplatz mit ⌂ Schutzhütte an der Wegspinne (km 6,4) kommen. Hier biegen Sie – wie der gluckernde Wormkegraben – links Richtung ✎ Hohnehof und Bahnhof ab.

Der Wormkegraben wirkt mit seinem Gefälle und den Granitblöcken, von denen er eingefasst ist, fast wie ein natürlicher Bergbach. Aus dem Wald taucht rechter Hand bald der Trudenstein (= Hexenstein) auf. Auch diese letzte große Klippe auf Ihrer Runde können Sie über eine Eisenleiter erklimmen, um die Aussicht über das Dach des Waldes zu genießen.

In einer Linkskurve, hinter der die Schotterstraße wieder ansteigt, nehmen Sie die Abkürzung geradeaus über den Wurzelpfad (✎ roter Balken). Dieser trifft an der Kreuzung mit dem Wormkegraben bei einem Wegweiser wieder auf die Forststraße.

↳ Links gelangen Sie nach 1 km wieder zum ausgeschilderten Hohnehof, wo Sie das ☕ Café oder den Biergarten im Nationalparkzentrum (mit Infostelle und Spielplatz) besuchen können.

☕ Hohnehof, ☎ 03 94 55/86 40, 💻 www.nationalpark-harz.de/de/besucherzentren, 🚪 April bis Oktober tägl. 10:00 bis 17:00, November bis März tägl. 10:00 bis 16:00, geschlossen am 24. und 31. Dezember

Geradeaus geht die Forststraße in eine schöne Allee über, die Sie geradewegs zum 🚂 🚌 Bahnhof (🍴 WC, ☞ Wanderung 17) zurückbringt.

19 Durch das Eckerloch: Von Schierke über den Teufelsstieg auf den Brocken

Tour für Hexen, Gipfelstürmer, Geschichtsinteressierte und Dampflokfans

Der Aufstieg von Schierke auf den Brocken ist ein Klassiker. Hier präsentiert sich der Hochharz geheimnisvoll mit hohen Fichtenwäldern, dicken Granitblöcken und munteren Bergbächen. Der Gipfel, der sogar über die Waldgrenze aufragt, ist der berühmte sagenumwobene „Blocksberg", an dem sich jährlich Hexen und Teufel versammeln, und der auch eine zentrale Rolle in der jüngeren deutschen Geschichte gespielt hat. Goethe, Heine und viele andere deutsche Dichter haben den Brocken erst bestiegen und dann literarisch verewigt. Auch die schnaufende Dampflok der Brockenbahn hätte bestimmt in Goethes Faust eine Rolle gespielt, wenn es sie seinerzeit schon gegeben hätte. Der Anstieg ist streckenweise etwas steil und auf den felsigen Pfaden manchmal mühsam, der größte Teil des Weges ist aber bequem zu gehen.

- Start/Ziel: an der Brockenstraße beim Café Winkler mit der gleichnamigen Bushaltestelle und dem Wanderparkplatz Alte Bobbahn, GPS N 51°46.000' E 010°39.200'
- 13,5 km
- 4 Std. 30 Min.
- 525 m/525 m
- 620-1.141 m
- gut gekennzeichnet mit dem Symbol des Teufelsstieges und namentlicher Beschilderung
- jeweils mehrere Möglichkeiten zur Einkehr auf dem Brocken (km 6,8) und in Schierke
- viele Rastplätze, Schutzhütten bei km 4,1, km 5,4, km 6,8, km 8,2, km 9,4 und km 11,8
- Der Bachlauf der Kalten Bode auf dem Hinweg und die immer wieder vorbeischnaufende Brockenbahn auf dem Rückweg werden Kinder erfreuen.
- Buggypiloten benutzen die verkehrsberuhigte asphaltierte Brockenstraße. Diese steigt relativ sanft, aber immerhin über eine Strecke von 10 km bis zum Gipfel an. Vielleicht fahren Sie also lieber eine Strecke mit dem Zug?
- Der Vierbeiner gehört im Nationalpark an die Leine.

❄ Der felsige Eckerlochsteig ist für Schneeschuhwanderer mühsam. Für Winterwanderer ist die Brockenstraße präpariert.

P Den Parkplatz Alte Bobbahn (Tagesticket € 3) beim Café Winkler erreichen Sie, wenn Sie schon in der Linkskurve am Ortseingang von Schierke geradeaus in die Hagenstraße fahren, die später zur Brockenstraße wird. Alternativ können Sie auch das Parkhaus Am Winterbergtor benutzen, dann steigen Sie 500 m hinter dem Start in die Wanderbeschreibung ein.

Perfekte Anbindung: Die Harzer Schmalspurbahnen fahren mit historischem Gerät von vielen Orten im und am östlichen Harz nach Schierke und auf den Brocken (www.hsb-wr.de). Schierke liegt zudem an der Buslinie Braunlage – Wernigerode.

Die Kombination dieser Tour mit den ☞ Wanderungen 7 und 20 ermöglicht eine zweitägige Harzüberschreitung auf dem Teufelsstieg (➲ 26 km). Übernachten können Sie im Brockenhaus (☞ Einleitung, Exkurs „Der Brocken"), wo sich frühzeitiges Reservieren empfiehlt.

Durch Kombination mit Wanderung 20 lässt sich der Abstieg um 4 km auf einem traumhaften Pfad entlang der Kalten Bode nach Elend verlängern. Elend ist per Bus sehr gut an Braunlage und Wernigerode angebunden.

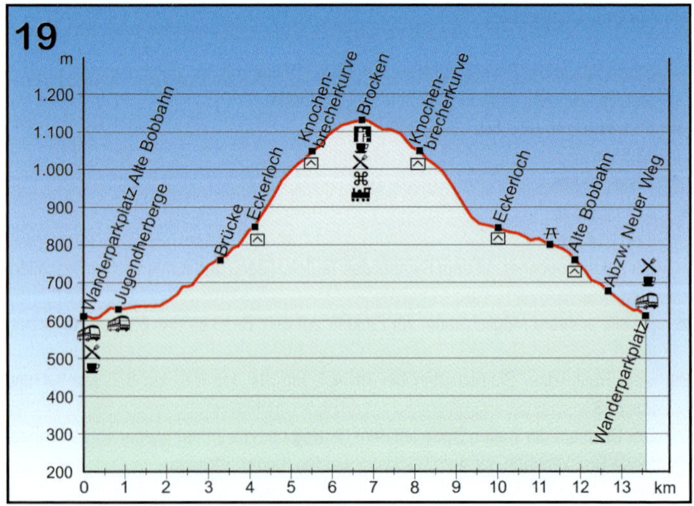

Links am Parkplatz vorbei verläuft der Bodeweg, dem Sie zwischen den Garagenzeilen hindurch und durch alle Kurven folgen, bis Sie unten auf einen Weg-

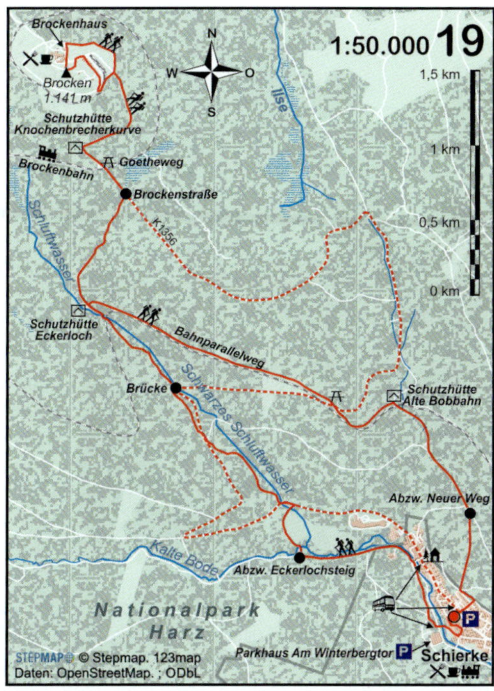

weiser stoßen. Dort halten Sie sich rechts und folgen der modernen Fußgängerbrücke zum Winterbergtor mit P Parkhaus und Bushaltestelle. Auf der Plattform geht es wieder rechts – den Schildern Teufelsstieg und Brocken folgend – in den Exzellenzweg, einen angenehm geschotterten Wanderweg.

Vor einem großen grau-weißen Gebäude biegen Sie links in die geschotterte Sandbrinkstraße ein. Die Hinweise für den Teufelsstieg – ein weißes Teufelchen auf grünem Grund – sind z. T. etwas unscheinbar. Nun begleitet Sie rechter Hand die Kalte Bode. Klares Wasser umspült große Granitblöcke und es gibt immer wieder schöne Stellen am Flussufer. Zum Kühlen der Füße wären diese Plätze ideal, aber Sie stehen ja noch am Anfang Ihrer Brockenbesteigung.

Nach 600 m auf der Sandbrinkstraße biegt der Teufelsstieg rechts Richtung ✎ Brocken ab. Durch dichten Fichtenwald überqueren Sie auf einer Holzbrücke die Kalte Bode und halten sich an einer Bank halb links auf den Wurzelweg. Etwas später stoßen Sie auf die Brockenstraße. Hier gehen Sie kurz links und halten sich hinter dem Bach (Schwarzes Schluffwasser) wieder rechts.

Sie steigen nun über den gut beschilderten Eckerlochsteig durch Fichtenwald und Granitblockfelder auf. Hier im Nationalpark werden die Bäume nicht mehr geerntet, nur der Weg wird von umgefallenen Baumriesen frei gehalten. Das Steigen auf den Granitblöcken ist manchmal etwas mühsam, und immer wieder klingt das Schnaufen der Brockenbahn herüber, die es auch nicht leichter hat. Ein weiteres Mal

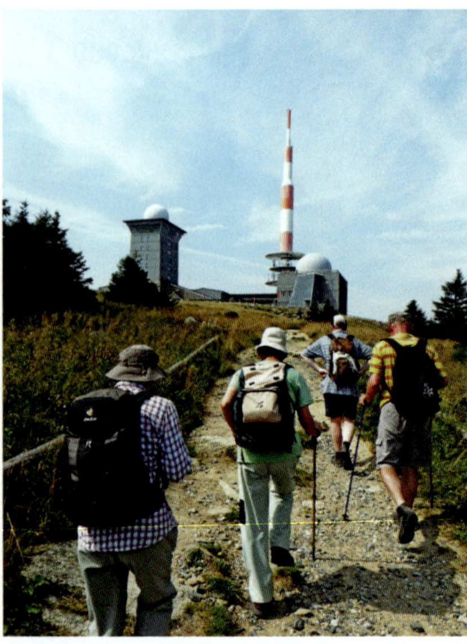
Aufstieg zum Brocken

kreuzen und einmal streifen Sie die Straße, dann queren Sie die Gleise, bevor Sie die ⛺ Schutzhütte Eckerloch (⇧ 880 m, km 4,1) erreichen. Auf der einladenden Lichtung stehen auch ⊼ mehrere Bänke und Tische.

Auf den nächsten 800 m steigen Sie 140 Höhenmeter auf. Das Gelände wird offener, die Bäume werden kleiner, die nahe Waldgrenze kündigt sich an. Sie erreichen zum letzten Mal die Brockenstraße und folgen ihr nun mangels Alternativen gut 1 km bis zum Gipfelrundweg. Dieser schöne und aussichtsreiche Wanderweg umrundet den Brockengipfel. Sie können aber auch direkt der Straße zum höchsten Punkt folgen (☞ Wanderung 10, Exkurs „Der Brockengipfel“; ☞ Karte vom Brocken S. 53).

Nach dem Gipfelerlebnis steigen Sie auf dem Weg, auf dem Sie gekommen sind, bis zur ⛺ Schutzhütte Eckerloch ab. Dort wenden Sie sich nach links und biegen in den breiten Bahnparallelweg ein, der in sanftem Gefälle zum noch 5 km entfernten Schierke hinabführt. Sicher kommt Ihnen auf der breiten Waldschneise irgendwann eine Dampflok unter Zischen und Schnaufen und mit einer langen Dampfsäule entgegen. Die bergabfahrenden Züge dagegen gleiten leise und ohne Dampf nach Schierke hinab.

Nach einer ⊼ Tisch-Bank-Kombination queren Sie die Brockenstraße im spitzen Winkel. Etwas später stoßen Sie an einer ⛺ Schutzhütte (km 11,8) auf die „Alte Bobbahn“, der Sie rechts hinab folgen.

↳ Geradeaus führt der Bahnparallelweg über 3 km weiter bis zum Schierker Bahnhof.

Sie überqueren die Bahngleise und folgen weiter der Alten Bobbahn. Die erste Abzweigung nach rechts ignorieren Sie. Gut 800 m nach Überqueren der Gleise steht links unter einem Ahorn eine Bank. Direkt dahinter kommt eine Abzweigung, die Sie erst geradeaus überqueren, um wiederum direkt dahinter nach halb rechts unten in den schmaleren Weg zu wechseln. Dies ist immer noch die Alte Bobbahn.

Geradeaus führt der beschilderte „Neue Weg" zum östlichen Ortsende von Schierke. Diesen können Sie nehmen, wenn Sie in Kombination mit Wanderung 20 nach Elend absteigen wollen (4 km bzw. 1 Std.,). An der Kirche vorbei über Kirchberg und Mühlenweg finden Sie leicht den Einstieg in den wunderschönen Pfad entlang der Kalten Bode.

Die Alte Bobbahn endet abrupt vor einem Reihenhaus. Halten Sie sich hier links und am Ende der Reihenhauszeile rechts in den Hermann-Löns-Weg, der Sie hinunter zum Café Winkler (03 94 55/235, restaurant-cafe-winkler.de, täglich 11:00 bis 22:00) und damit zum Ausgangspunkt der Wanderung bringt.

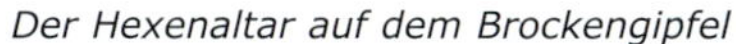

Der Hexenaltar auf dem Brockengipfel

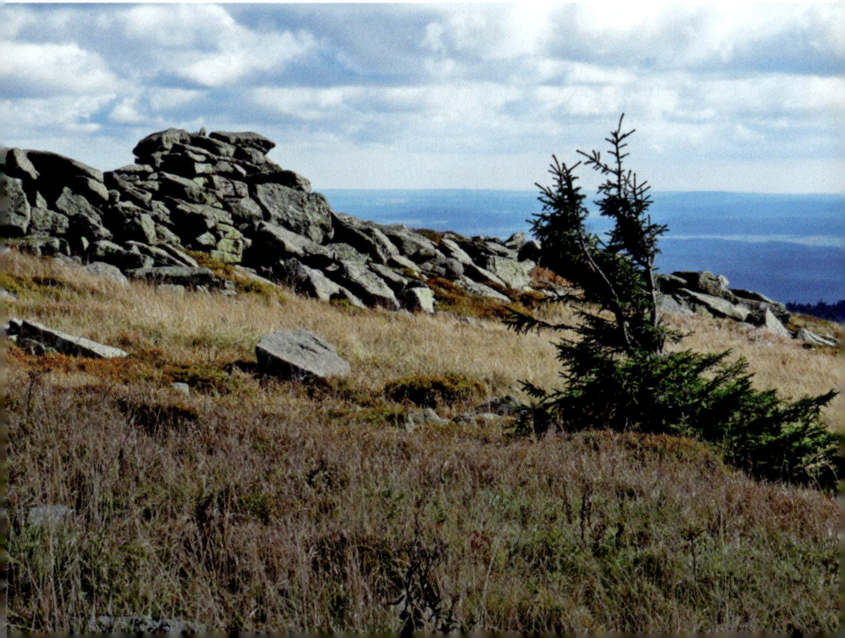

20 Durch das romantische Elendstal: Rundweg zwischen Elend und Schierke

Tour für Naturliebhaber, Wasserläufer und Romantiker

Diese gemütliche Wanderung führt durch das idyllische Tal der Kalten Bode, das sich auch unter dem Namen Elendstal nach Schierke hinaufzieht. Hier plätschert der muntere Bergbach über Felsen und durch abwechslungsreichen Mischwald. Der Weg ist hier das Ziel: Die Wanderpfade sind romantisch und abenteuerlich, aber immer sicher und gut zu begehen. Auch die Anstiege sind sanft, sodass einer entspannten Genusswanderung nichts im Wege steht.

Start/Ziel: am Kreisverkehr in Elend mit Bushaltestelle, Parkplatz und (wenige Meter entfernt) Bahnhof, GPS N 51°44.670' E 010°41.175'

6 km

2 Std.

130 m/130 m

500-630 m

meist gut namentlich markiert

mehrere Cafés und Restaurants in Schierke (km 2,8) und in Elend

Schutzhütten bei km 1,7 und km 4,4, Rastplatz bei km 5,5

Der Weg am Bach hinauf ist für Kinder besonders attraktiv. Außerdem gibt es als Motivationshilfe in Schierke den Brocken-Coaster, eine 420 m lange Sommerrodelbahn (01 60/623 60 73, www.brocken-coaster.de, ganzjährig werktags ab 13:00, an Wochenenden und in den Ferien ab 11:00).

Die Wanderwege sind oft zu schmal für den Kinderwagen.

Die Wanderung verläuft außerhalb des Nationalparks, Leinenpflicht gibt es nur vom 1. April bis zum 15. Juli. Trinkwasser und Badestellen für den vierbeinigen Freund gibt es an der Kalten Bode.

Die Runde ist für Schneeschuhe gut geeignet. Für Winterwanderer ist ein Weg im Elendstal präpariert, allerdings auf dem breiteren Weg auf der jeweils gegenüberliegenden Flussseite.

In Elend finden Sie einen kostenpflichtigen Parkplatz in der Nähe des Kreisverkehrs. In Schierke gibt es mehrere kostenpflichtige Parkplätze.

Beide Orte verfügen über gute Busverbindungen (Haltestellen „Elend, Kirche“, „Schierke, Hotel Heine“). Busse zwischen beiden Orten und weiter nach Wernigerode bzw. Braunlage fahren ca. alle 2 Std. in jede Richtung. Auch die dampfbetriebene Brockenbahn ist über Drei Annen Hohne und die Harzquerbahn mit Elend verbunden.

↳ Kombinationen mit den ☞ Wanderungen 21 und 19 eröffnen weitere Möglichkeiten.

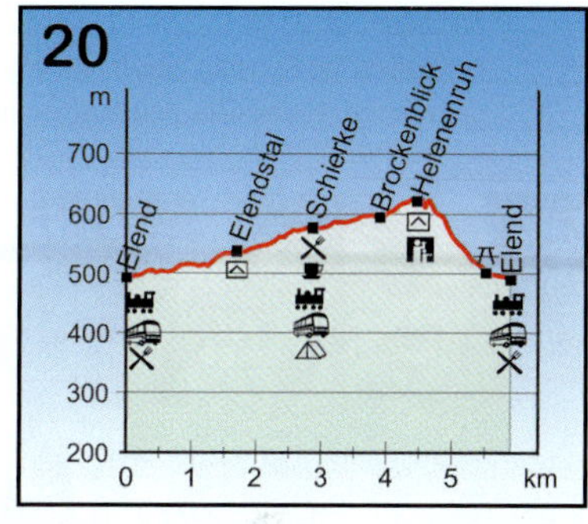

Gehen Sie vom Kreisverkehr entlang der B27 Richtung Braunlage bis zu einer Linkskurve, wo Sie gegenüber dem Hotel Restaurant Waldmühle rechts einbiegen. Direkt nach Überqueren der Gleise nehmen Sie rechts die kleine Brücke und folgen dem Pfad auf dem Grabenrand nach links. Der Graben führt an die Stelle, wo er von der Bode abzweigt. Hier murmeln überall kleine Wasserläufe. Ohne den Hauptstrom der Kalten Bode zu überqueren folgen Sie dem Uferweg talaufwärts. Der Fußweg verläuft manchmal etwas oberhalb des Flusses, kommt aber immer wieder an das rechts liegende Gewässer heran.

An einer Lichtung erreicht der Pfad eine ⌂ Schutzhütte (km 1,7), draußen laden weitere ⩩ Tische und Bänke zur Rast ein. Über die Brücke wechseln Sie die Uferseite und wandern nun rechts der Kalten Bode bergauf. Spannender abwechslungsreicher Mischwald, markante Felsen und der rauschende Bergbach prägen die Landschaft.

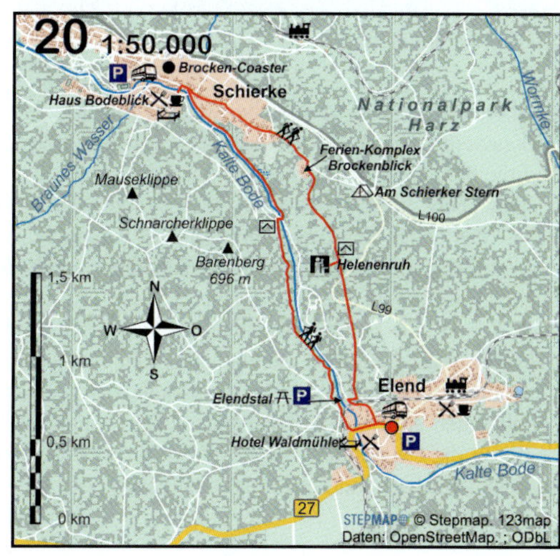

Beim „Basislager Brocken“, einem Sektionshaus des Alpenvereins Schierke, geht der Uferpfad in den Mühlenweg über. Dieser mündet in den Kirchberg, und bei der Töpferei „Alte Schmiede“ überqueren Sie links die Bode auf der Fußgängerbrücke. Gegenüber sehen Sie das im traditionellen Stil errichtete ✕ ☕ Haus Bodeblick.

Im Restaurant können Sie schön auf der Terrasse oder im hellen, rustikal eingerichteten Gastraum hinter großen Fenstern sitzen und typische Harzer Spezialitäten genießen. ☏ 03 94 55/359, www.hotel-bodeblick.de, tägl. ab 12:00, außerhalb der Saison Mo Ruhetag. Im Untergeschoss findet sich ein Wanderausstatter, bei dem Sie gegebenenfalls Ihre Ausrüstung aufstocken können.

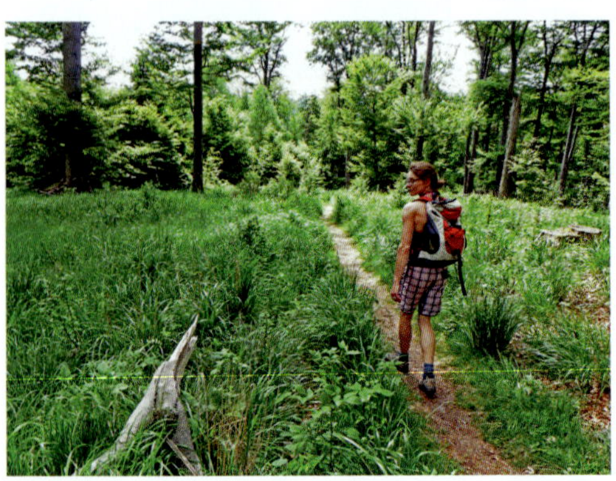

An der Helenenruh

Einige Stufen führen von der Kaffeeterrasse (wieder) hinunter zum Fluss, den Sie rechts und sofort wieder links gehend auf der Fußgängerbrücke überqueren. An der Töpferei wenden Sie sich nach rechts und in die Alte Dorfstraße, die in die Alte Wernigeröder Straße übergeht. An deren Ende liegt der Ferienkomplex „Brockenblick". Auch hier könnten Sie im Garten – aber weniger romantisch – einkehren. Am Ende der Sackgasse halb rechts hinab weist das Schild den Weg über die „Alte Rodelbahn" und die Schutzhütte „Helenenruh" nach Elend.

Die Schutzhütte Helenenruh liegt wenige Meter vor einem Aussichtspunkt, der rechts des Weges Brockenblick verspricht. Leider ist die Sicht etwas zugewachsen. Der attraktive schmale Fußpfad führt abwärts durch abwechslungsreichen Buchenwald und über grasbewachsene Lichtungen, immer wieder tauchen auch Felsen auf. Er quert zweimal die Landstraße und trifft vor Elend auf die Bahnlinie. Nach links führt ein Pfad zum Bahnhof, nach rechts in das idyllische Tal der Kalten Bode mit einem Wanderparkplatz und einem Picknickplatz unter Laubbäumen am Bach. Die Parkplatzzufahrt führt von hier unter der Bahn hindurch an die Hauptstraße. Dort wenden Sie sich links zurück zum Kreisverkehr, an dem Sie Ihre Wanderung begonnen haben.

21 Von Braunlage nach Elend: Bodetal, Grünes Band, Wurmberg und Scherstorklippen

Tour für Naturliebhaber, Wasserläufer und Grenzgänger

Zu Anfang prägt das romantische Tal der Warmen Bode mit seinen Kaskaden und einem abwechslungsreichen Mischwald die Szenerie. Später wandern Sie auf dem Grünen Band, der ehemaligen innerdeutschen Grenze, zum Wurmberg und an den Scherstorklippen vorbei nach Elend. Verschiedene Waldgesellschaften und offenes Gelände mit Heidelbeergebüsch wechseln sich ab. Sie wandern meist auf naturnahen Wegen und Pfaden. Mehrere Varianten ermöglichen die Rückkehr nach Braunlage.

→ Start: Talstation der Wurmbergbahn in Braunlage, GPS N 51°43.880' E 010°36.760'; Ziel: Kreisverkehr in Elend, GPS N 51°44.660' E 010°41.180'

13,3 km

4 Std.

↑↓ 320 m/390 m

⇧ 490-880 m

Der Weg ist gut beschildert, zuerst Richtung Dreieckiger Pfahl/Brocken (35D), später als Ulmer Weg (25H) bis Elend.

Das Schierker Loipenhaus (km 7,8) ist häufig bewirtschaftet, sonst die Wurmbergalm (ab km 8,5). In Elend bewirtet das Hotel Waldmühle.

Es gibt mehrere Rastplätze und Schutzhütten bei km 3,6, km 5,6, km 6,4, km 9,9 und km 10,5.

Im Tal der Warmen Bode reizt der Bach. Vom Wurmberggipfel kann man mit einem Monsterroller nach Braunlage abfahren (ab 10 Jahren, www.monsterroller.de). Allerdings können die Gefährte nur in der Talstation gemietet werden und müssen persönlich mit der Bergbahn auf den Wurmberg transportiert werden.

Auf dem beschriebenen Pfad im Bodetal behindern Wurzeln und Steine. Leichter schiebt es sich auf der östlichen Seite der Bode (Bodestraße). Ab der Wegspinne mit der Abzweigung Ulmer Weg sollten Buggyfahrer den parallel verlaufenden Kolonnenweg benutzen und vom Loipenhaus dann nach Braunlage absteigen. Bis zum Gipfel komplett asphaltiert ist die alte Natostraße (6 km). Sie beginnt auch an der Warmen Bode, überquert sie aber nicht, sondern folgt der Markierung „Sögdingsweg" und „Stieglitzeck" zum Wurmberggipfel. Für den Abstieg oder als kraftsparende Alternative zum Aufstieg können Sie dann die Wurmbergseilbahn benutzen, die auch Kinderwagen transportiert.

Die Tour verläuft auf der Grenze des Nationalparks, daher gilt Leinenpflicht.

Bis hoch auf den Wurmberg ist die Route für Schneeschuhe geeignet – allerdings herrscht oben der Skizirkus. Die alte Natostraße (☞ Buggy) ist als Winterwanderweg bis zum Gipfel präpariert. Rodeln: Wandern Sie wie beschrieben durch das Bodetal und folgen Sie von der Bärenbrücke aus den Schildern nach rechts Richtung Rodelhaus (✕). Dort beginnt eine Rodelbahn zurück zum Parkplatz.

P Parken können Sie an der Talstation der Wurmbergbahn in Braunlage oder beim Kreisverkehr in Elend, beides ist kostenpflichtig.

Elend („Kirche") und Braunlage („Elbingröder Str.") sind gut verbunden, ca. alle 2 Std. fahren Busse in beide Richtungen.

Die Wurmbergseilbahn verbindet Braunlage mit dem Gipfel des Wurmberges und lässt sich zur Verkürzung oder zur Teilung der Wanderung nutzen.
☏ 055 20/99 93 28, www.wurmberg-seilbahn.de, im Sommer tägl. 9:45 bis 17:30. Die einfache Fahrt kostet für Erwachsene € 8, für Familien und Gruppen gibt es Ermäßigungen.

Sie können vom Loipenhaus in einer Stunde zu Fuß nach Braunlage absteigen (↻) oder den Wurmberggipfel erklimmen und mit der Seilbahn zurückfahren.

Der Abstieg nach Schierke oder Elend über die Schnarcherklippen ist gut ausgeschildert.

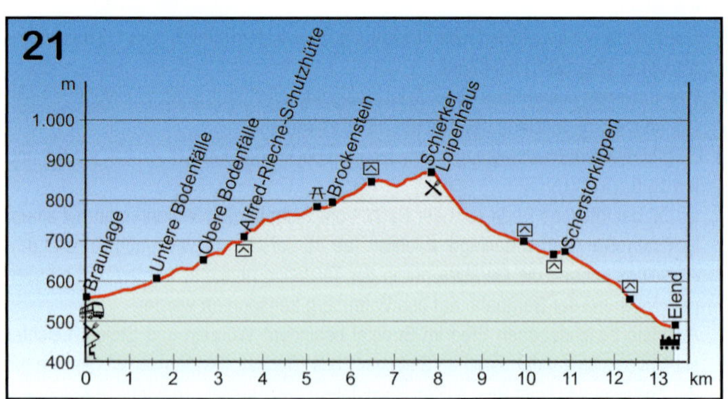

Vom Großparkplatz bei Eisstadion und Wurmbergbahn führt der Weg (✎ 35D, Dreieckiger Pfahl/Brocken) im Tal der Warmen Bode hinauf Richtung Norden. Zuerst folgen Sie der Asphaltstraße und passieren die letzten Gebäude Braunlages. Eine schöne Bogenbrücke lassen Sie noch unbeachtet, um die Bode dann auf einer nach links zurück führenden weiteren Brücke (✎ Bodewasserfälle)

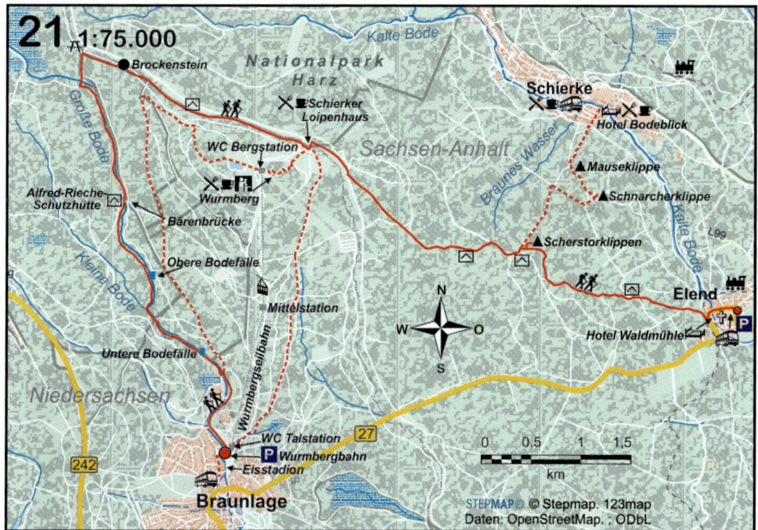

zu überqueren. Sofort nach der Brücke zweigt nach rechts ein nun sehr schöner und romantischer Fußweg ab.

Der teilweise geschotterte Pfad folgt der plätschernden Warmen Bode bergauf. Viele kleine Kaskaden und Badegumpen laden zum Pausieren ein. Schattige und sonnige Plätze am Bach wechseln sich ab. Sie passieren die Unteren, später die Oberen Bodefälle mit schönen Plätzen zum Rasten.

An der Bärenbrücke (⍓, km 3,6) wollen die Schilder den Wanderer auf die andere Bodeseite locken (❄ dort geht es zur Rodelbahn). Schöner ist aber der Fußweg auf der Westseite weiter geradeaus. Etwa 1 km hinter der Bärenbrücke führt der Weg etwas vom Fluss weg. Dann erscheint rechts unten eine weitere Brücke, auf der Sie die Bode überqueren, um dann links hoch – weniger als 500 m auf der vom Parkplatz heraufkommenden Schotterstraße (↬) – weiter aufzusteigen.

Oben wird es an einer Wegspinne etwas unübersichtlich, aber die gute Ausschilderung hilft. Für die romantische naturnahe Variante wenden Sie sich scharf nach rechts und folgen dem Ulmer Weg (✎ Ulmer Weg/Wurmberg 2,8 km).

↬ Falls Sie bequeme Wege bevorzugen, mit Kinderwagen unterwegs sind oder nach Regenfällen nasses Gras vermeiden wollen, folgen Sie halb rechts dem

Schild „Harzer Grenzweg/Grünes Band 0,1 km“, dann dem Kolonnenweg rechts. Auch dieser führt zum Loipenhaus in der Nähe des Wurmberggipfels.

Der Ulmer Weg steigt als Fußpfad zwischen Felsen und Wurzeln auf – anfangs am Brockenstein vorbei durch Wald, später am Waldrand und auf der von Heidelbeeren eroberten Lichtung des Grünen Bandes. Folgen Sie immer dem Fußpfad geradeaus. Auch die Beschilderung nach rechts Richtung Wurmberg können Sie ignorieren, bis Sie am höchsten Punkt der Grenze, dem Loipenhaus, angekommen sind. Der Weg dahin ist wunderschön. Rechts der Waldrand, links das Grüne Band mit seiner abwechslungsreichen Vegetation, massenhaft Heidelbeeren und immer wieder kleine Wiesen, die mit Blick auf den nahen Brocken zur Rast einladen.

Auf dem Grünen Band

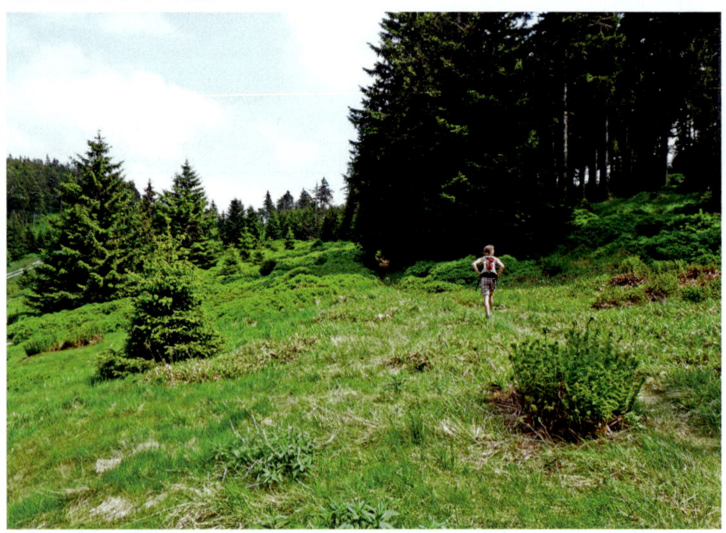

Das Schierker Loipenhaus ist bewirtschaftet. Hier treffen sich beide Grenzwege und der nahe Wurmberggipfel mit Bergbahn, Gipfeltrubel und Einkehrmöglichkeiten ist ausgeschildert. Von Donnerstag bis Sonntag (11:00 bis 16:00) werden warme und kalte Getränke sowie ein kleiner Imbiss angeboten. Im Winter brennt meist ein gemütliches Feuer im Kamin. Bei schlechtem Wetter können die Öffnungszeiten eingeschränkt sein. Kontakt über die Touristinformation Schierke, ☏ 03 94 55/86 80

Über den schönen Serpentinenweg können Sie den Wurmberg erklimmen und von dort mit der Seilbahn nach Braunlage abfahren (700 m, ↑ 85 m).

Vom Loipenhaus können Sie in Verlängerung Ihrer Aufstiegsroute (zuerst Richtung Südosten) nach Braunlage absteigen (Großparkplatz, 4 km, ↓ 300 m).

Vom Loipenhaus wechseln Sie über die Schotterstraße auf den Grenzweg, der als Kolonnenweg mit den typischen Betonplatten nördlich der Hütte verläuft. Hier wenden Sie sich nach rechts und folgen dem Grenzweg, bis halb links beschildert der Ulmer Weg als Schotterweg Richtung Scherstorklippen/Schnarcherklippen abgeht. Folgen Sie dem Ulmer Weg (25H) über alle Abzweigungen hinweg, bis Sie die Scherstorklippen (⇧ 694 m, km 10,6) erreicht haben. Die Granitformation ragt geheimnisvoll zwischen alten und jungen Fichten auf. Sie erreichen sie über einen kleinen Pfad.

Für den Abstieg nach Schierke über die Schnarcherklippen folgen Sie einfach der Beschilderung „Schnarcherklippen", dann „Schierke". Auch ein Abstieg über Schierke durch das romantische Elendstal nach Elend wird so möglich, ☞ Wanderung 20.

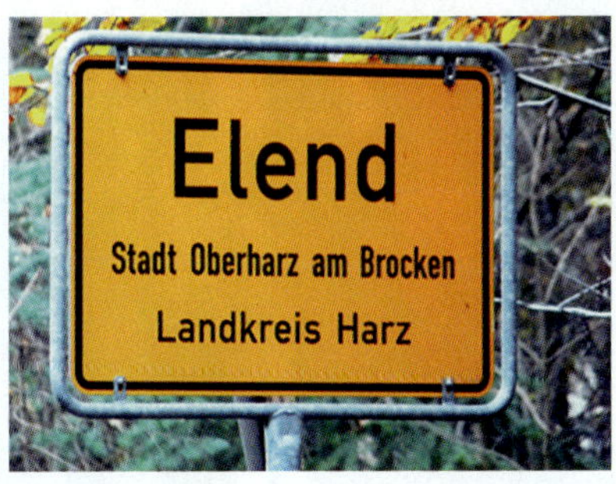

Kehren Sie von den Klippen auf den Weg zurück, halten Sie sich dann links und wandern Sie weiter auf dem Ulmer Weg (25H), der Sie über gut 2 km nach Elend hinunterbringt. Am Hotel Waldmühle erreichen Sie die B27 und gehen nach links an ihr entlang in den Ort bis zum Kreisverkehr. Dort finden Sie eine Bushaltestelle (zur Rückfahrt nach Braunlage), einen Parkplatz und wenige Meter weiter den Bahnhof von Elend.

Das Hotel Waldmühle in Elend widerspricht dem Ortsnamen und bietet Kaffee, Kuchen sowie verschiedene Speisen und Getränke an. Braunlager Str. 15, ☏ 03 94 55/512 22, www.harz-hotel-waldmuehle.de, warme Küche Do bis Mo 11:00 bis 19:30

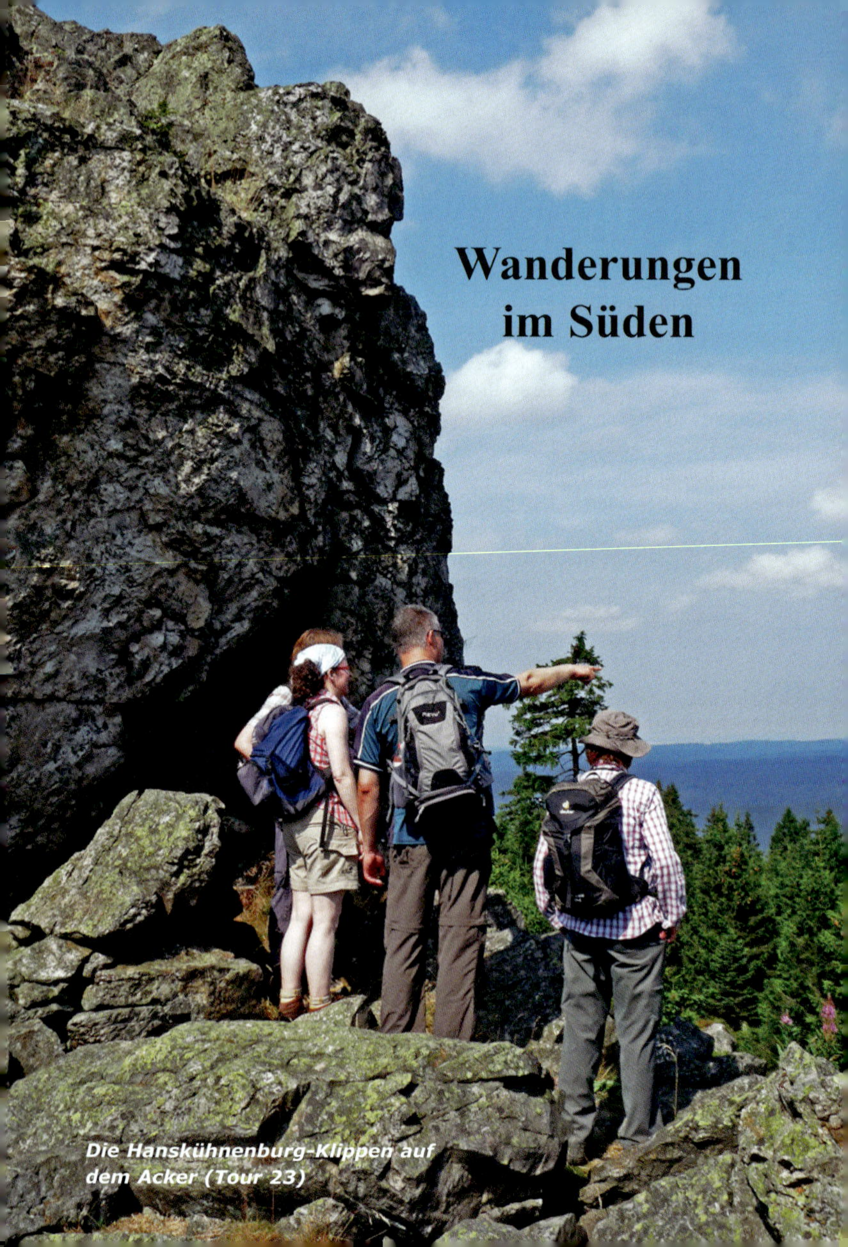

Wanderungen im Süden

Die Hanskühnenburg-Klippen auf dem Acker (Tour 23)

22 Hammersteinklippe und Morgenbrodstaler Graben: Abenteuerliche Waldpfade und Wasserwandern mit Aussicht

Tour für Naturliebhaber, Romantiker, Wasserläufer und Familien

Diese kurze Tour repräsentiert mit Klippen, Wasserläufen und der Einkehr im Dammhaus die typische Oberharzwanderung. Der Abstieg nach der weitschweifenden Aussicht von der Hammersteinklippe auf Wurzelpfaden durch den Wald ist recht steil, dafür geht es dann am Morgenbrodstaler Graben eben dahin. Der mächtige Monolith des Sösesteins wirkt wie ein Fremdkörper zwischen den Bäumen, Blockmeere geben alpines Ambiente und der Pfad am murmelnden Wasser wirkt sehr romantisch. Dort wird die Route aussichtsreich und sonnig. Für unterschiedliche Vorlieben werden Varianten auch als Rundkurs angeboten.

→ Start: Wanderparkplatz Stieglitzecke an der B242 neben dem Funkmast, GPS N 51°46.140' E 010°27.345'; Ziel: Sperberhaier Dammhaus, ebenfalls an der B242 zwischen Clausthal und Braunlage, GPS N 51°46.660' E 010°25.350'

5,5 km (als Rundtour über den Ifenweg 8 km)

2 Std.

↑↓ 30 m/250 m. Der abenteuerliche Abstieg erfolgt auf den ersten 2 km, später geht es am Morgenbrodstaler Graben noch 4 km eben dahin.

⇧ 580-800 m

Dammhaus, 14C

Sperberhaier Dammhaus am Ende der Tour

Am Beginn des Grabens liegt die Morgenbrodshütte (km 1,8).

Kinder sollten eine gewisse Trittsicherheit für den Abstieg mitbringen. Andernfalls wählen Sie die ebene Variante als Rundtour (☞ S. 134). Attraktionen sind die Felsen und der Wassergraben. Am Dammhaus kann im Garten gespielt und im Winter auch gerodelt werden.

Wanderer mit Kinderwagen parken an der Abzweigung B242/B498 etwa 300 m südlich des Dammhauses (Richtung Braunlage). Hier können Sie direkt auf dem Revisionsweg am Morgenbrodstaler Graben starten und auf ihm, immer am Wasser entlang, den größten Teil der Strecke (hin und zurück knapp 8 km) genießen. Lediglich einige kleinere Wurzeln könnten hin und wieder etwas stören.

Zwischen 1. April und 15. Juli gilt Leinenpflicht, sonst ist die Strecke gut geeignet.

❄ Der Abstieg ist recht steil und bleibt trittsicheren Schneeschuh- und Winterwanderern vorbehalten. Einfacher ist der Weg am Morgenbrodstaler Graben entlang in Kombination mit dem Ifenweg (☞ Variante).

P Wanderparkplatz Stieglitzecke oder Parkplatz Dammhaus. ☺ Planen Sie Ihre Tour nach dem Busfahrplan, parken Sie am Dammhaus und fahren Sie mit dem Bus zum Start. Dann brauchen Sie am Ende der Tour nicht auf ihn zu warten.

Die Haltestellen „Stieglitzecke" und „Abzweig Dammhaus" werden angefahren von „Altenau, Markt" und „St. Andreasberg, Schützenhaus" sowie „Clausthal-Zellerfeld, Kronenplatz", jeweils alle 2 Std. oder öfter. ✋ Da St. Andreasberg zu Braunlage gehört, scheint es in manchen Fahrplänen eine direkte Verbindung nach Braunlage zu geben. Es handelt sich dann aber um den Ortsteil St. Andreasberg. Busverbindung zwischen Start und Ziel ca. alle 2 Std., Fahrzeit 3 Min. ✋ Die Bushaltestelle „Stieglitzecke" liegt etwas oberhalb des Startpunkts an einem weiteren P Parkplatz.

Taxi Körber, Altenau, 053 28/2 62, Anfahrt von Altenau ca. 5 km

Die Streckenwanderung wird zur einfachen Rundtour, wenn Sie den Ifenweg miteinbeziehen. Starten Sie am Sperberhaier Dammhaus und bewandern Sie den Morgenbrodstaler Graben bis zu seinem Ursprung. Dort steigen Sie kurz hinauf und spazieren nach links über den Ifenweg wieder zurück (➲ 7 km, ✎ WWW14).

Über den Hexenstieg (entlang des Dammgrabens) sowie die Wege 5F (Branderweg) und E6 (über Branderklippe und Schusterklippe) können Sie die Route zu einem Rundweg von 14 km (ca. 4 Std., ↑↓ 200 m/200 m) verlängern.

Die Wanderung als Streckentour beginnt idealerweise auf dem Parkplatz Stieglitzecke am großen Sendemast. Sie folgen dem Wegweiser „Hammersteinklippe 0,4 km" und nehmen vor dem Mast rechts den Gras-Schotter-Weg. Sofort gelangen Sie in ein abwechslungsreiches Gelände, das von natürlicher Waldverjüngung, Gras, Heide und Blaubeeren geprägt ist. Der Weg führt Sie geradeaus auf die Hammersteinklippe, eine felsige Aussichtskanzel, die das Wandererherz mit tollen Blicken über den Harz und die Sösetalsperre bis ins Harzvorland erfreut.

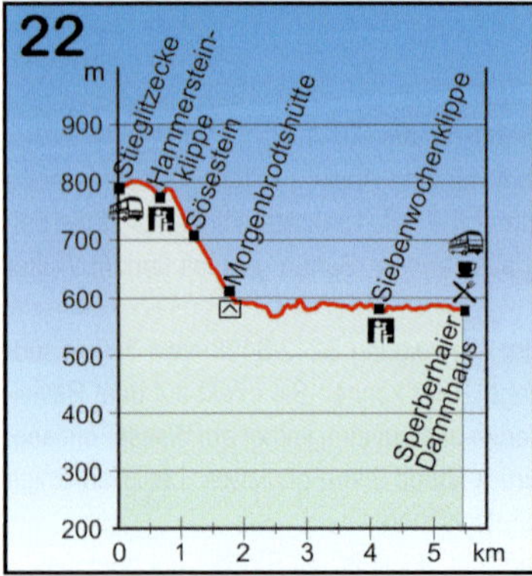

Nach dem Ausblick gehen Sie etwa 50 m zurück und dann halb rechts den Pfad hinunter. Das verblichene Schild

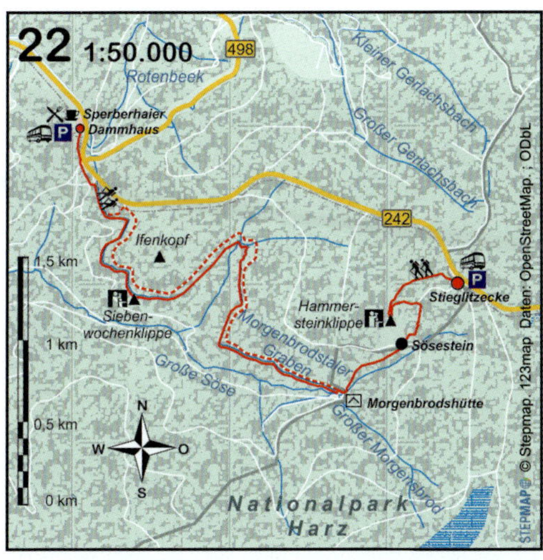

„Dammhaus 4,5 km" hängt kurz hinter der Abzweigung an einem Baum. Sie befinden sich nun auf einem Waldpfad, der stetig nach unten führt. An einer Gabelung nehmen Sie auch die nach unten (rechts) führende Variante. Anschließend ist etwas Konzentration gefragt, um auf dem Pfad zu bleiben, aber die Wegspuren sind gut zu erkennen. Teilweise steinig, teilweise auf Waldboden führt die Route, zunehmend in Falllinie einschwenkend, auf den ❀ Sösestein zu. Dieser Fels steht unvermittelt vor Ihnen und wirkt, als hätte Obelix ihn hier abgestellt. Sie wandern rechts an der mächtigen Felsnadel vorbei und weiter abwärts, dann folgt bald wieder ein Schild (✎ 14 C). Der Markierung „14 C Dammhaus 4 km" folgen Sie auch, wenn Sie eine Schotterstraße bergab queren. Der steinige Weg wirkt fast alpin und kann bei Nässe etwas rutschig sein. Rechts und links liegen immer wieder mit Felsbrocken übersäte Flächen.

Etwas weiter unten queren Sie noch einmal eine Forststraße (➪ Ifenweg) und halten nach einem kurzen Rechts-links-Manöver auf einem Pfad auf die von oben sichtbaren Bachverbauungen zu, an denen der Morgenbrodstaler Graben beginnt.

⌘ Der zum Harzer Wasserregal gehörende Morgenbrodstaler Graben wurde um 1715 erbaut, ist gut 4 km lang und befördert das Wasser der Oberen Söse fast ohne Gefälle zum Dammgraben. Am Wegesrand informieren Tafeln über das Bauwerk als Teil des UNESCO-Welterbes und über die historische Harzer Wasserwirtschaft.

Von hier aus sind die Orientierung und das Wandern ein Kinderspiel. Sie begleiten den munteren Wasserlauf auf dem Damm nun gut 3 km fast bis ans

Ziel. Ohne langweilig zu werden, schlängelt sich der Weg (✎ 9B) durch den Hang. Rechts sind immer wieder Felsen zu sehen, nach links öffnet sich das Gelände und ermöglicht weite Aussichten. Die Vegetation ist abwechslungsreich, denn der Fichtenforst wird nach und nach von Ahorn, Birken, Vogelbeeren und anderen Pionierbäumen verdrängt. Die Ausrichtung nach Südwesten bietet vor allem nachmittags viel Sonnenschein. An der Siebenwochenklippe lädt noch einmal eine kleine Aussichtskanzel zur Pause ein.

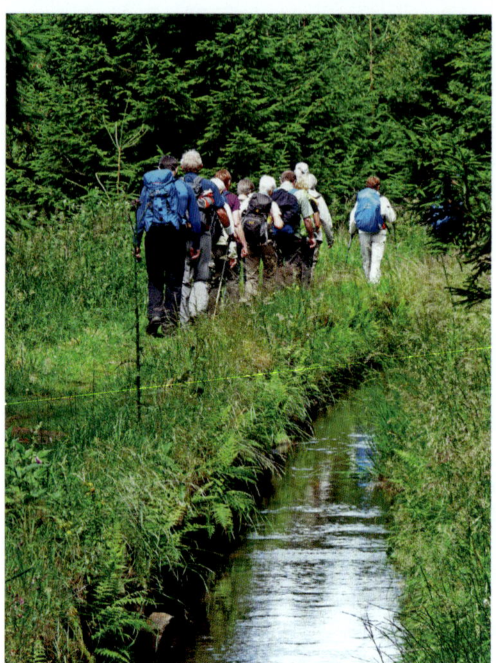

Am Morgenbrodstaler Graben

Wo der Graben kurz vor dem Ziel (✎ Dammhaus 0,4 km) auf die B242 zuläuft, nehmen Sie den nach links abzweigenden Pfad. Auf eine Schotterforststraße kommend gehen Sie kurz rechts Richtung Parkplatz, dann unmittelbar vor der Straße wieder links und über einen Waldpfad zum Dammhaus.

Das historische Sperberhaier Dammhaus liegt zwar direkt an der Straße B242, aber der schöne Garten geht nach hinten raus und man sitzt dort ruhig. Es gibt eine attraktive Auswahl an großen und kleinen Gerichten, hausgebackene Kuchen und sogar nahrhaft-süße Versuchungen wie Eierpfannkuchen mit Blaubeeren oder Kaiserschmarrn zu fairen Preisen. ☏ 053 28/91 14 95, www.dammhaus-harz.de, im Sommerhalbjahr täglich von 10:00 bis 20:00, im Winter evtl. etwas eingeschränkt

23 Rundwanderung über den Ackerkamm zur Hanskühnenburg

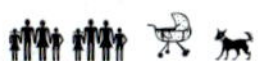

Tour für Naturliebhaber, Weitblicker und Höhenmeterallergiker

Durch den hoch gelegenen Einstieg haben Sie auf dieser Tour tolle Ausblicke vom Kamm des Ackerhöhenzuges, ohne größere Steigungen überwinden zu müssen. Die Landschaft bietet zwischen Hochmooren, Bruchflächen, Wald, Wiesen und Buschwerk viel Abwechslung. Hin und wieder tauchen runzelige Klippen auf, von denen Sie weit ins Tal blicken können. Noch weiter schweift der Blick vom markanten Aussichtsturm bei der Hanskühnenburg neben der gleichnamigen Berggaststätte.

Auf dem Hinweg dominieren schmale Pfade und naturnahe Wanderwege in halb offenem Gelände, die hin und wieder etwas Konzentration erfordern und auch mal matschig sein können. Der Rückweg verläuft bequem auf Forststraßen durch den Wald.

Start/Ziel: Wanderparkplätze Stieglitzecke bzw. Magdeburger Hütte an der Harzhochstraße B242 (Clausthal-Braunlage), GPS N 51°46.132' E 010°27.340'

14 km

4 Std.

230 m/230 m

720-830 m

gut ausgeschildert: 5N bis zum Auerhahnplatz, 10L zur Hanskühnenburg, danach blaues Dreieck (14B) zum Ziel

Baude Hanskühnenburg (km 7) mit toller Aussicht vom Turm

Auf den Klippen und am Auerhahnplatz (km 4,6) lässt es sich gut rasten. Eine Schutzhütte erreichen Sie nach zwei Drittel des Rückweges (km 11,3) und am Ende der Tour.

Kinder schätzen die geringen Steigungen und die abenteuerlichen Felsen.

Der hier beschriebene Hinweg ist für Kinderwagen nicht geeignet. Der Rückweg kann auch als Hinweg genutzt werden, mit 14 km ist die Tour aber für den Buggyfahrer recht lang.

Der vierbeinige Freund muss im Nationalpark angeleint bleiben. Bei Trockenheit finden Sie unterwegs – außer an der Hanskühnenburg – wenig Wasser.

Im Winter bei Schneelage ist der gesamte Ackerrundweg als Langlaufloipe präpariert. Sie können aber zu Fuß oder mit Schneeschuhen auch neben der Loipe wandern.

P Zwei Parkplätze liegen an der B242 kurz hintereinander, an der Stieglitzecke (mit Sendemast) und an der Magdeburger Hütte.

Die Haltestelle „Stieglitzecke“ wird angefahren von „Altenau, Markt“ und „St. Andreasberg, Schützenhaus“ sowie „Clausthal-Zellerfeld, Kronenplatz“, jeweils alle 2 Std. oder öfter. Da St. Andreasberg zu Braunlage gehört, scheint es in manchen Fahrplänen eine direkte Verbindung nach Braunlage zu geben. Es handelt sich dann aber um den Ortsteil St. Andreasberg.

Wenn Sie keine Forststraßen mögen, dann nutzen Sie den abwechslungsreicheren Hinweg auch für die Rückkehr.

Alternative Abstiege von der Baude nach Osterode und nach Riefensbeek ermöglichen zwei attraktive Streckentouren. Beschrieben sind die Routen ab/bis Hanskühnenburg bei Wanderung 24. Ein weiterer Abstieg führt über Weg 13b nach Sieber (5,5 km).

An der Stieglitzecke an der Harzhochstraße B242 gibt es zwei Parkplätze im Abstand von gut 150 m auf der Südseite der Straße. Die attraktivste Route zur Hanskühnenburg, der frühere Reitweg, startet am westlichen Parkplatz, der näher Richtung Clausthal-Zellerfeld liegt (hier steht ein Funkmast). Folgen Sie dem Weg 5N, der mit seinem großen Portal auch im Sommer als Loipe zu erkennen ist, Richtung Süden.

Am östlichen Parkplatz befinden sich die Bushaltestelle „Stieglitzecke“ und eine Schutzhütte (Magdeburger Hütte). Sollten Sie hier starten, folgen Sie der Straße Richtung Westen hinab, 150 m bis zum nächsten Parkplatz am Funkmast.

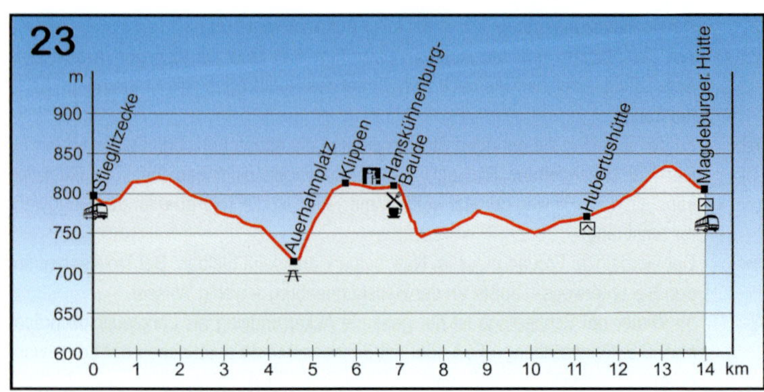

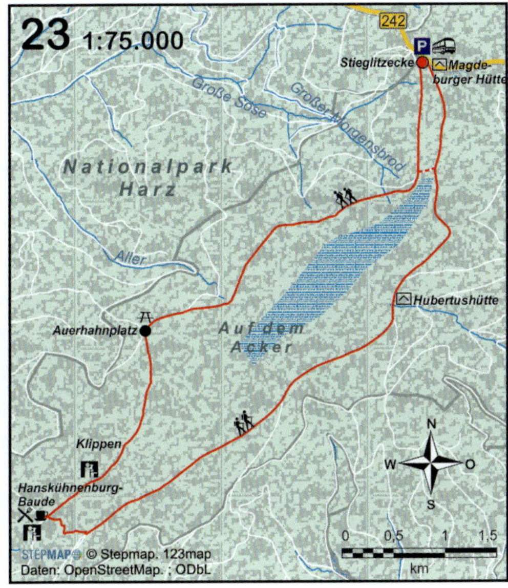

Auf einem bequemen Schotterweg mit Grasstreifen in der Mitte geht es ohne große Steigungen entspannt voran. Ein Schild rechter Hand, auf dem festes Schuhwerk empfohlen wird, verwundert eher. Später zeigt sich aber, dass die Empfehlung durchaus ihren Sinn hat.

Nach etwa 30 Min. geht der Schotterweg an einem Wendeplatz in einen schmaleren, grob mit Naturstein gepflasterten Fußweg über. Das Gelände ist abwechslungsreich. Junge Fichten und Ebereschen wechseln sich ab mit Buschwerk und offenen Grasflächen. Kleine Felsblöcke gestalten das Bild.

Nach gut 30 Min. auf immer wieder unterbrochenem Natursteinpflaster gelangen Sie wieder auf einen grasigen Schotterforstweg. 15 Min. später (die von rechts hinten herankommende Forststraße haben Sie ignoriert) stehen Sie am Auerhahnplatz (km 4,6). Hier lässt es sich auf der Bank unter einem Ahorn gut rasten.

Anschließend folgen Sie der Schotterstraße hinter der Bank hinauf Richtung Hanskühnenburg, Weg 10L. 10 Min. später geht der Weg wieder in das bekannte Pflaster über. Immer wieder folgen aber auch erdige Passagen, die nach Regenfällen matschig sein können. Die Umgebung zeigt wieder einen attraktiven Mix aus unterschiedlich hohen Büschen und Bäumen, Heidelbeeren und Grasflächen. Links liegen die Hochmoore des Ackerhöhenzuges, rechts tauchen bald die Klippen der Hanskühnenburg auf. Der kurze Abstecher an die Klippen lohnt sich auch wegen der fantastischen Aussicht über das Sösetal auf die Hochfläche von Clausthal.

Von den Klippen aus können Sie auch schon den markanten Aussichtsturm der Hanskühnenburg-Baude aus dem Wald aufragen sehen. Diese werden Sie nach gut zwei Gehstunden ab Stieglitzecke erreicht haben (km 7).

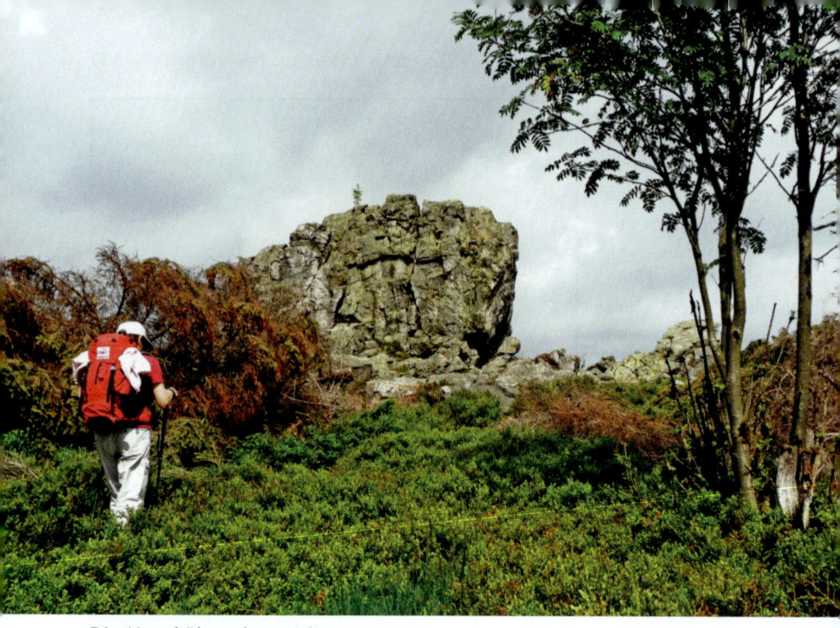

Die Hanskühnenburg-Klippen

⌘✗ Hanskühnenburg-Baude ☞ Wanderung 24

Für den Rückweg gehen Sie aus der Baude tretend geradeaus (Osten) und folgen für einen kurzen steilen Abstieg den Schildern Richtung Sieber. 600 m weiter und 60 Höhenmeter tiefer erreichen Sie die hangparallel verlaufende Ackerstraße, in die Sie nach links (Nordosten) einbiegen. Das blaue und das grüne Dreieck und die Wegnummern E6 bzw. 14B bringen Sie, ohne irgendwo abzubiegen, über 7 km zurück an die B242. Gegen Ende erscheinen wieder offenere Hochmoorflächen mit krüppeligen Fichten, die in der nährstoffarmen Umgebung um ihr Überleben kämpfen.

Der Rückweg ist breit, eben und einfach zu gehen. Keine Sorge also, falls Sie nach dem Essen in der Baude noch einen Schierker Feuerstein zu sich genommen haben! Nach etwa zwei Drittel des Rückweges bietet ein halb offener Unterstand, die ⌂ Hubertushütte, Schutz beim Pausieren (km 11,3). Die Bundesstraße erreichen Sie bei der Magdeburger Hütte, einem weiteren ⌂ Unterstand. Der Parkplatz am Sendemast liegt wenige Meter links die Straße hinab.

24 Weitblicke vom Ackerkamm: Riefensbeek-Hanskühnenburg-Sösesee-Runde 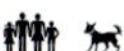

Tour für Naturliebhaber, Weitblicker und Genießer

Die schöne Rundwanderung auf naturnahen Wegen wird gewürzt von zwei sehr empfehlenswerten Einkehrmöglichkeiten in der Mitte und am Ende der Tour. Die Aussicht vom Turm der Hanskühnenburg geht weit ins Land und über den Harzwald zum Brocken. Der steile, schattige Pfad im Aufstieg und der Wiesenweg zu Beginn des Abstiegs sind traumhaft, können aber nach Regenwetter etwas matschig sein. Im Tal folgt der Weg dem Damm zwischen Sösestausee und Vorbecken und führt teilweise am Ufer des Sees durch den Wald zurück.

Start/Ziel: Landhaus Meyer in Riefensbeek, GPS N 51°45.160' E 010°22.670'

15,5 km

5 Std.

530 m/530 m

330-810 m

Die Hanskühnenburg ist auf dem Hinweg namentlich ausgeschildert, Riefensbeek auf dem Rückweg. Es existieren jeweils mehrere Wegvarianten.

Die Hanskühnenburg-Baude (km 5) bietet einfache warme und kalte Gerichte an. Das Landhaus Meyer (km 16) ist berühmt für harztypische Küche und seinen leckeren Kuchen.

Unterwegs warten mehrere Rastplätze, die Schutzhütte Hentschelköte (400 m ab km 10) und die Schutzhütte am Sösesee (km 14).

Für die Motivation der Kinder könnte der Anstieg etwas zu steil sein. Der Aussichtsturm an der Hanskühnenburg und die abenteuerlichen Pfade reißen das vielleicht wieder heraus – oder spätestens der Kuchen im Landhaus Meyer.

Für den Buggy ist die Wanderung nicht geeignet.

Der Hund muss im Nationalpark angeleint bleiben.

Die beschriebenen Wege sind nicht präpariert und bieten bei genügend Schnee eine schöne, aber im Anstieg anstrengende Schneeschuhtour. Auch der Abstieg nach Osterode ist für Schneeschuhe geeignet. Wegen der von der anderen Seite angeschlossenen Loipe ist die Hanskühnenburg-Baude an Winterwochenenden gut besucht.

Es gibt mehrere Parkmöglichkeiten in Riefensbeek.

Die Busverbindungen sind spärlich, am Wochenende gibt es keine. Ein Kleinbus fährt als sogenanntes Linientaxi zwischen Osterode und Riefensbeek-Kammschlacken. Info: 05 51/194 49, www.vsninfo.de

🚗 Osterode Taxi Knoblauch-Hoffmann, ☏ 055 22/22 44; Taxi Stützer, ☏ 055 22/38 08

☺ Falls Sie am Wochenende (kein Linienbus) und nicht mit dem eigenen Pkw unterwegs sind: Lassen Sie sich im Taxi von Osterode nach Riefensbeek bringen und steigen Sie zurück nach Osterode (↬) ab. Die Fahrt kostet etwa € 30.

↬ Der Abstieg nach Osterode (☞ S. 145) ist sehr schön und kann sich besonders empfehlen, wenn Sie mit dem dünnen Busfahrplan von Riefensbeek nicht glücklich werden.

↬ Die Wanderung kann mit Wanderung 23 (Ackerrundweg) kombiniert werden. Besonders attraktiv ist die Streckenwanderung von der Stieglitzecke über die Hanskühnenburg nach Osterode: ➲ 20 km, ↑ ↓ 150 m/680 m, ⌛ 5 Std. 30 Min. Die erste Teilstrecke ist bei ☞ Wanderung 23, die zweite hier als ☞ Variante beschrieben.

Mit dem Landhaus Meyer im Rücken folgen Sie nach rechts (Osten) der Dorfstraße. An der Kirche biegen Sie rechts hinauf und gehen auf selbige zu, lassen sie dann aber rechts liegen und wandern bis ans Ende der Unteren Herrentalstraße. Dort kurz links und wieder rechts führt der Weg Sie zu einem schönen Grillplatz. Daran vorbei steigen Sie immer geradeaus hinauf und wieder hinab in das nächste Tal („Große Schacht"), wo Sie nach einem Linksschwenk des Pfades eine kleine Brücke erreichen. Diese überqueren Sie und folgen immer weiter gerade-

Die Hanskühnenburg-Baude mit Aussichtsturm

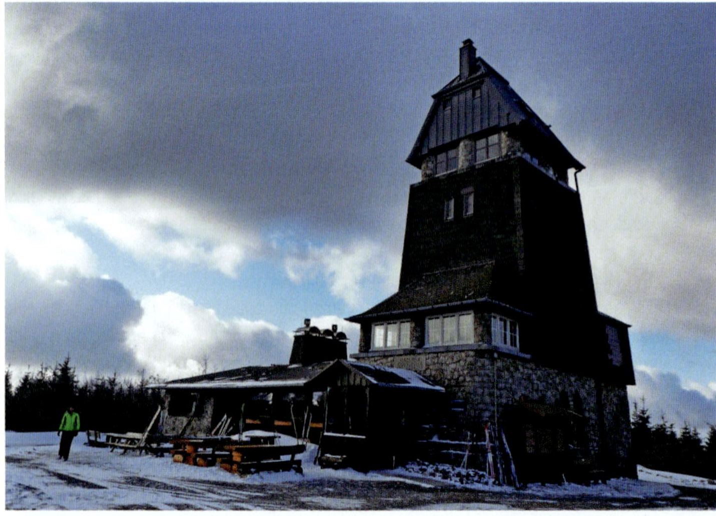

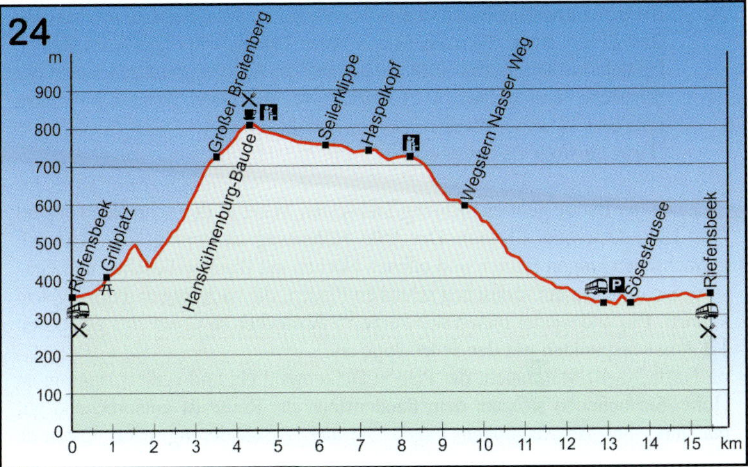

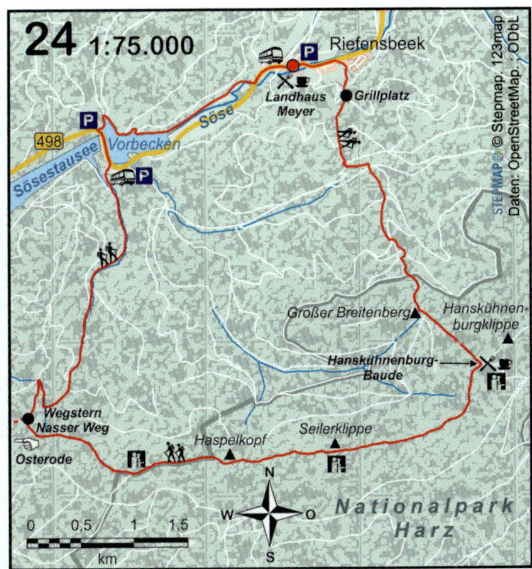

aus aufwärts dem schmalen Pfad, der sich über mehrere Forststraßen hinweg zur Hanskühnenburg hinaufzieht. Nach dem Großen Breitenberg läuft der Pfad in einem breiteren Weg aus, der nach 750 m an der Baude endet.

Hanskühnenburg

Die Hanskühnenburg selbst gibt es nur in der Legende: Ein Ritter, Hans der Kühne, hatte eine schöne Jungfrau auf seine Burg verschleppt. Diese verfluchte Ritter und Burg, sodass davon nur die Hanskühnenburgklippen übrig blieben, die man heute etwa 300 m nordöstlich der Baude erklimmen kann.

Die Hanskühnenburg-Baude ist eine typische Harzer Wandereinkehr mit rustikalen Gasträumen, großen Fenstern, einer schönen Terrasse und einem Aussichtsturm. Die Betreiber sind gastfreundlich und bei niedrigen Außentemperaturen flackert das gemütliche Feuer im Ofen. 01 70/864 03 48, Speisekarte, Webcam und andere Infos unter www.hanskuehnenburg-im-harz.de,
9:00 bis 16:00, Do geschlossen

Nach der Baude geht es Richtung Südwesten weiter in den schmalen Fußpfad (13A, Osterode 11 km). Der tolle Höhenweg ist geprägt von natürlich gewachsenen jungen Fichten und offenen Flächen mit Blaubeerbüschen und Gräsern. Sie wandern auf idyllischen schmalen Pfaden, die nach Regen matschig sein können. Hin und wieder bieten sich kurze Abstecher zu den rechts gelegenen Aussichtspunkten wie der Seilerklippe an.

Nach 30-40 Min. taucht der Pfad in Fichtenwald ein und verliert langsam an Höhe. Sie befinden sich auf dem Baudensteig, die Route ist entsprechend gut markiert. Bei Abzweigungen folgen Sie der Beschilderung nach Osterode

Der Ackerkammweg

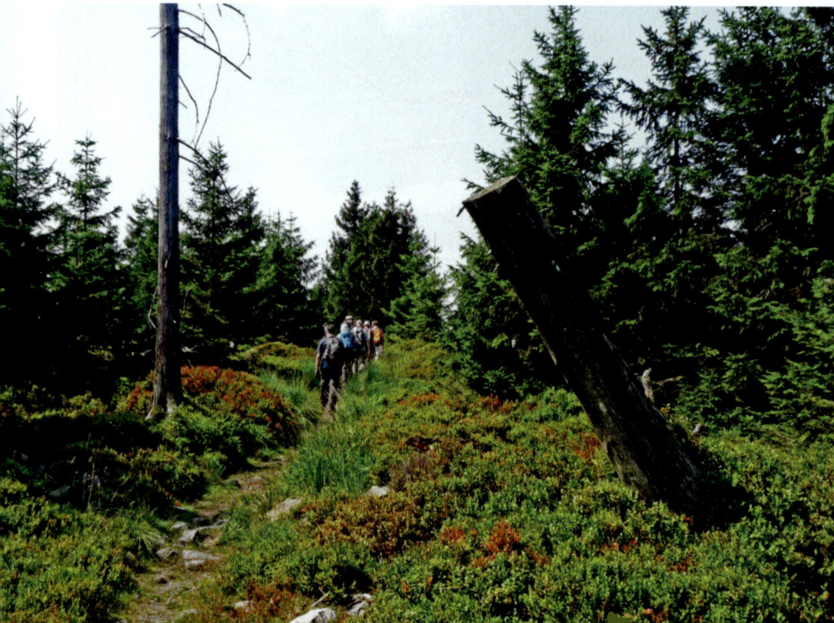

blaues Dreieck, Weg 13A), bis Sie nach einem etwas steileren Abstieg auf eine Forststraße stoßen (ca. 1 Std. 30 Min. nach Verlassen der Hanskühnenburg). Hier – am Wegstern „Nasser Weg" – haben Sie den Nationalpark bereits verlassen. Gegenüber lädt eine Bank zur Rast ein.

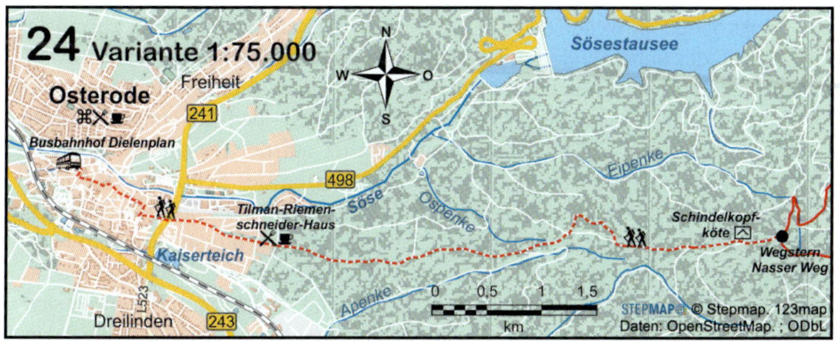

Abstieg nach Osterode

Um nach Osterode abzusteigen, biegen Sie am Wegstern nach links (Westen) ab. Etwas weiter – gut 1 Std. 30 Min. Gehzeit (6 km) hinter der Hanskühnenburg – liegt links des Weges die Schindelkopfköte, eine kleine Schutzhütte in Form eines Tipis. Sie ist den früheren Unterkünften der Köhler und Waldarbeiter nachgebaut. Hier wandern Sie ein kurzes Stück auf der geschotterten Forststraße, die Sie aber kurz darauf wieder gegen naturnahe Wege eintauschen. Der Weg ist nicht zu verfehlen, nur in einer Rechtskurve, 1 km hinter der Köte, müssen Sie etwas auf den beschilderten, links abbiegenden Fußpfad aufpassen. Die Entfernungsangabe „Osterode 3,1 km" bezieht sich auf den Stadtrand. Bis ins Zentrum sind es noch 5 km.

400 m weiter an einer beschilderten Kreuzung halten Sie sich links Richtung Osterode. (Hier verlassen Sie den Baudensteig, der weiter zur Staumauer der Sösetalsperre und zur Bushaltestelle an der B498 absteigt.)

Nun wandern Sie immer geradeaus sanft absteigend nach Osterode. Himbeer- und Brombeerbüsche bieten die letzten Zwischenmahlzeiten im Wald an. Sie erreichen den Ort über den Fuchshaller Weg (Café-Restaurant Tilman-Riemenschneider-Haus, Fuchshaller Weg 79, 055 22/762 82, www.tilman-haus.de). Er wird zur Waldstraße und erst in einer Linkskurve der Waldstraße biegen Sie rechts in die Ölmühlengasse ein. Diese bringt Sie zur Berliner Straße, der Sie links folgen. Sie wird zur Brauhausstraße und führt direkt in die von Fachwerkbauten geprägte Altstadt.

Den Busbahnhof finden Sie auf der gegenüberliegenden Seite der Altstadt. Dazu verlassen Sie den großen zentralen Platz (Kornmarkt) nach Nordwesten, wenden sich an der Straße rechts zum Königsplatz und sehen schon wenige Meter weiter links die überdachten Bushaltestellen.

Links ginge es weiter nach Osterode (☞ Variante), Sie gehen aber halb rechts auf der unbeschilderten Forststraße Richtung Norden. Nach etwa 400 m erreichen Sie eine Kreuzung, an der Sie scharf nach rechts unten abbiegen. Weitere 300 m bringen Sie ins Tal, wo Sie nach links – dem Tal nun auf Asphalt abwärts folgend – weiterwandern. Immer weiter auf der Forststraße kommen Sie nach 2,3 km Asphalt an eine Gabelung, folgen der Schotterstraße nach rechts und überqueren kurz darauf an der Landstraße den Damm zwischen den beiden Teilen des Sösestausees (eine knappe Stunde nach dem Wegstern Nasser Weg).

Hinter dem Damm geht es gleich rechts auf den Waldlehrpfad. Halten Sie sich immer rechts, parallel zum See- und später Flussufer. So kommen Sie 2 km (30 Min.) nach dem Staudamm in den Ort Riefensbeek.

☺ ✕ ☕ Wenige Meter die Dorfstraße hinauf liegt mitten im Ort das Landhaus Meyer, das für gute harztypische Gerichte und für seine leckeren Kuchen bekannt ist. Bei schönem Wetter sitzt man wunderbar im ruhigen Garten an der Söse. ☏ 055 22/38 37, 💻 www.hotel-landhaus-meyer.de, 🚪 tägl. geöffnet

㉕ Buchenwaldrunde: Von der Steinkirche zur Burg Scharzfels und zur Einhornhöhle

Tour für Naturliebhaber, Geschichtsinteressierte, Familien und Höhlenforscher

Auf dieser Rundtour – überwiegend im Buchenmischwald des südlichen Harzrands – gibt es besonders viel zu erleben. Die Steinkirche ist eine geheimnisvolle, in den Felsen gehauene Höhlenkirche. Die Burg Scharzfels ragt hoch über das Odertal auf und lädt mit der dazugehörigen Baude zur Mittagspause ein. Und in der Einhornhöhle vermittelt eine Führung dem Besucher einen lebendigen Eindruck von Höhlenbären, Steinzeitmenschen und der Entstehung der Karsthöhlen. Alle Sehenswürdigkeiten sind für Kinder und Erwachsene gleichermaßen interessant. Der Bogen spannt sich dabei von eiszeitlichen Rentierjägern, die sich mit Wollnashorn und Mammut auseinandersetzen mussten, bis zu Rittern, Grafen und Kaisern. Die erdigen Wanderwege und schmalen Pfade sind überwiegend bequem zu gehen, bei einigen Passagen sollten Sie auf Wurzeln und Äste achten.

Start/Ziel: Wanderparkplatz Steinkirche in Scharzfeld, GPS N 51°37.880' E 010°22.570'

11,7 km

3 Std. 30 Min.

300 m/300 m

245-400 m

Baudensteig, blaues Dreieck, gelbes Dreieck, Karstwanderweg (roter Balken mit weißem K)

Gaststätte am Campingplatz im Bremketal (km 1,6), Scharzfels-Baude (km 7,5), Wanderbaude an der Einhornhöhle (km 9)

Picknick- und Grillplatz (km 2,2), Bänke und gemähte Wiese in der Burg Scharzfels (km 7,5). Überdacht rasten können Sie in der Steinkirche (km 0,2) und der Göttinger Hütte (km 4,4).

Wenn Sie nach der Tour baden wollen, sollten Sie am Waldschwimmbad in Scharzfeld (km 1,7) starten.

Kinder freuen sich über Höhlen und die Burg. Die Führung in der Einhornhöhle bezieht junge Besucher mit ein.

Aufgrund der erdigen Pfade ist die Runde für Kinderwagen nur sehr schwer zu bewältigen.

Leinenpflicht besteht in der Zeit vom 1. April bis zum 15. Juli. Am Weg ist immer mal wieder Wasser zu finden.

Die Runde ist auch als Schneeschuhtour zu empfehlen, allerdings liegt hier aufgrund der geringen Höhen oft vergleichsweise wenig Schnee.

P Parkplatz Steinkirche im westlichen Ortsteil von Scharzfeld

Von der Haltestelle „Scharzfeld Sattlergasse" (Busse jeweils etwa alle 2 Std. von Herzberg, Braunlage und Bad Lauterberg) gehen Sie durch eben diese Gasse bis zu ihrem Ende, dann rechts in die Hinterstraße und sofort wieder links, wo der Parkplatz Steinkirche ausgeschildert ist.

Wer mit der Bahn anreist, kann vom Bahnhof die Burg Scharzfeld in 30 Min. zu Fuß erreichen und startet die Runde dort. Die Wanderung verlängert sich dadurch um 4 km (⇆).

Über mehrere Abkürzungen lässt sich die Wanderzeit stufenweise reduzieren – so würde z. B. die Runde Waldschwimmbad – Einhornhöhle über die Abkürzungen nur etwa ⌛ 1 Std. 30 Min. dauern (☞ Karte).

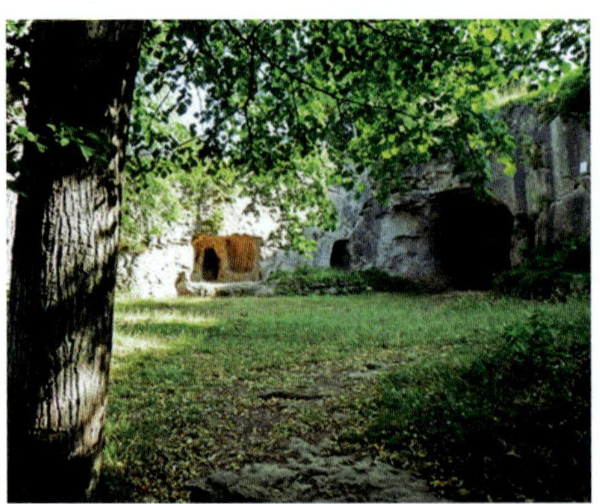
Die Höhlenkirche am Steinberg

Der Parkplatz Steinkirche befindet sich unter der B27. Unter der großen Brücke hindurch folgen Sie dem Feldweg ins Mönchstal nur etwa 150 m. Dort führt nach rechts (✎ Steinkirche) ein Fußpfad in Serpentinen zur Steinkirche hinauf. Die Landschaft hier ist vom Kalkstein geprägt. Botanikfreunde schätzen die Trockenrasenvegetation des Steinberges, in den die Höhlenkirche gehauen ist.

Steinkirche

Die künstlich zur Kirche erweiterte Höhle ist etwa 28 m lang, 6-8 m hoch und ebenso breit. Schon in der Altsteinzeit hielten sich hier Rentierjäger auf, wie 17.000 Jahre alte Funde belegen. Auch Mammut und Wollnashorn gehörten zu ihrer Beute. Im Mittelalter, nach der Christianisierung durch die Franken, wurde die Höhle zu einer Kirche mit Friedhof ausgebaut. Nähere Infos finden Sie z. B. unter 💻 www.trekkingguide.de/wandern/deutschland-harz-steinkirche.htm.

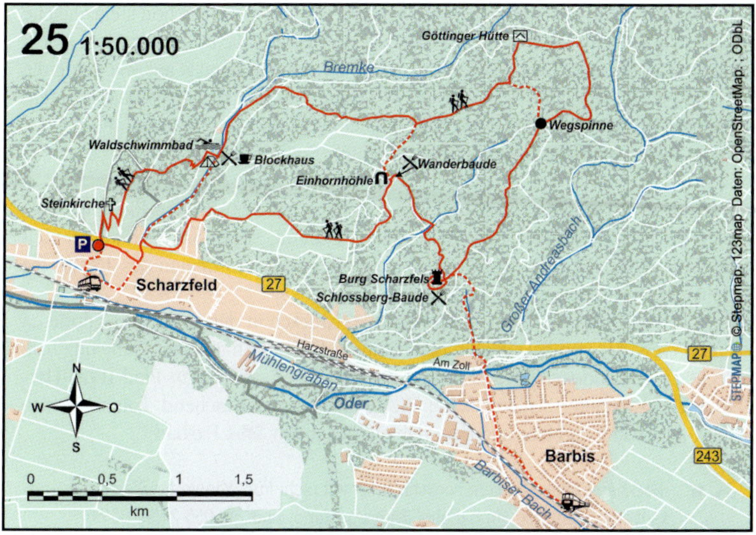

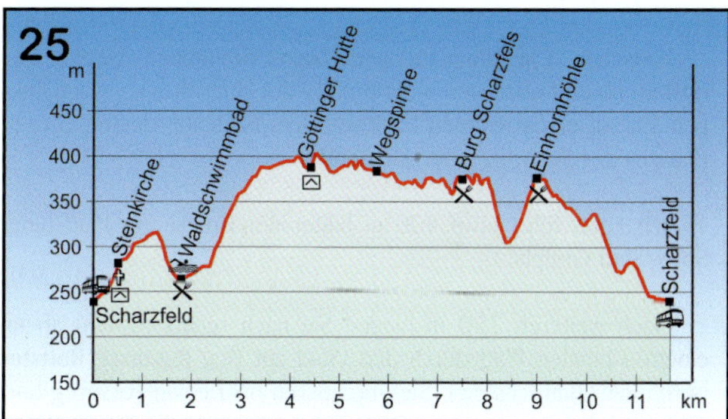

Gehen Sie von der Höhle ein paar Meter zurück und an der Gabelung links über den Pfad Richtung Süden auf den Rücken des Steinberges. Ein Abstecher auf die südliche Spitze lohnt sich. Dort schiebt sich der Felsrücken wie eine Halbinsel in das Odertal und bietet weite Aussichten. Direkt zu Ihren Füßen liegt Scharzfeld, dahinter breitet sich weit das Harzvorland aus.

An dieser Stelle standen mehrere 10.000 Jahre vor Ihnen schon steinzeitliche Jäger. Sie hielten Ausschau nach großen Rentierherden, die durch das weite Odertal am Harzrand entlangzogen. Die Landschaft sah hier damals aus wie heute die Tundra in Kanada oder Skandinavien. Während die Männer nach Beute spähten, kümmerten sich ihre Frauen um das Sammeln von essbaren Pflanzen und um das Feuer in der natürlichen Höhle, die später zur Steinkirche wurde.

Eine 180-Grad-Wendung und weiter geht es auf dem Rücken Richtung Norden. Rechter Hand, einige Meter vom Weg entfernt, sehen Sie nach kurzer Zeit ein Denkmal. Hier wird der Turnvater Jahn geehrt, der zu Beginn des 19. Jh. die deutsche Turnerbewegung gründete.

Der Weg führt nun vom Trockenrasen-Felsrücken in den Wald. Sie ignorieren einen Weg, der von links hinten herankommt, halten sich an einer Gabelung halb rechts (✎ Baudensteig) und folgen dem schmaler werdenden Pfad (Willi-Hartung-Weg) hinunter ins Bremketal. Die Asphaltstraße erreichend, halten Sie sich links zum Campingplatz und dem dahinterliegenden Freibad.

Blockhaus: Diese Einkehrmöglichkeit kommt recht früh, könnte für Sie aber interessant sein, wenn Sie am Bahnhof Barbis gestartet sind. ☏ 055 21/99 66 50, 01 63/234 01 03, So ab 11:30, andere Tage ab 17:00, Mo und Di geschlossen

Zwischen Campingplatz und Waldschwimmbad biegen Sie nach rechts (Osten) ab und überqueren die Bremke auf einer Brücke. Nach links (Norden) folgen Sie auf einem erdigen Forstweg dem Bachlauf, dessen Ufer mit den großen Blättern des Pestwurz überwachsen ist.

Links führt etwa 400 m hinter der Brücke ein Pfad hinunter zu einem Spiel- und Grillplatz.

Nach weiteren 250 m biegen Sie nach rechts (Osten) ab und steigen auf einem schmalen Pfad durch den Wald auf (✎ Rundweg Rottsteinklippen, Einhornhöhle, Baudensteig). Sie überqueren bald einen Forstweg und erreichen am Ende des Aufstieges einen von rechts kommenden breiteren Weg, dem Sie nach links folgen. Rechts liegt eine Weide. Kurze Zeit später, auf einem kleinen Platz mit einer Bank, verzweigt sich der Weg. Folgen Sie hier nicht der nach links abgehenden Variante, sondern geradeaus dem leicht ansteigenden Pfad. So wandern Sie oberhalb der Rottsteinklippen durch schönen Buchenwald.

Oben trifft der Pfad auf einen breiteren Weg, dem Sie nach links folgen. Die Markierung blaues Dreieck führt Sie nun geradeaus zur Göttinger Hütte. Folgen

Sie dabei auch schmaler werdenden Pfaden und lassen Sie sich nicht von breiteren Wegen aus der Richtung bringen.

Von der Göttinger Hütte (km 4,4) blickt man hinauf zum Gipfel des Großen Knollen mit einem Aussichtsturm (☞ Wanderung 26). Oberhalb der Hütte verläuft eine Forststraße, auf der Sie den Weg (nach links) fortsetzen.

Die Schotterstraße steigt sanft ab. Unten an einer Kreuzung halten Sie sich rechts auf dem Hasenwinkelweg (verwittertes Holzschild). Nun wieder leicht auf Schotterstraße ansteigend, kommen Sie nach 10-15 Min. an eine Wegspinne (km 6,8), hier treffen sich sechs Wege. Folgen Sie nicht der geradeaus abwärts führenden Schotterstraße, sondern biegen Sie links davon auf einen Waldweg ein. Dieser bleibt in etwa auf derselben Höhe und führt als schönste Variante zur Burg Scharzfels, die von hier aus gut ausgeschildert ist. Bald schimmert der helle Burgfelsen (km 8) durch den Buchenwald.

☺ Vor Betreten der Burg empfiehlt sich der Burgrundweg, der auf einem verwunschenen Pfad gut beschildert außen um den beeindruckenden Felsen und die Reste der Außenmauer herumführt. Der Rundweg dauert etwa 10 Min.

Die Burgruine Scharzfels

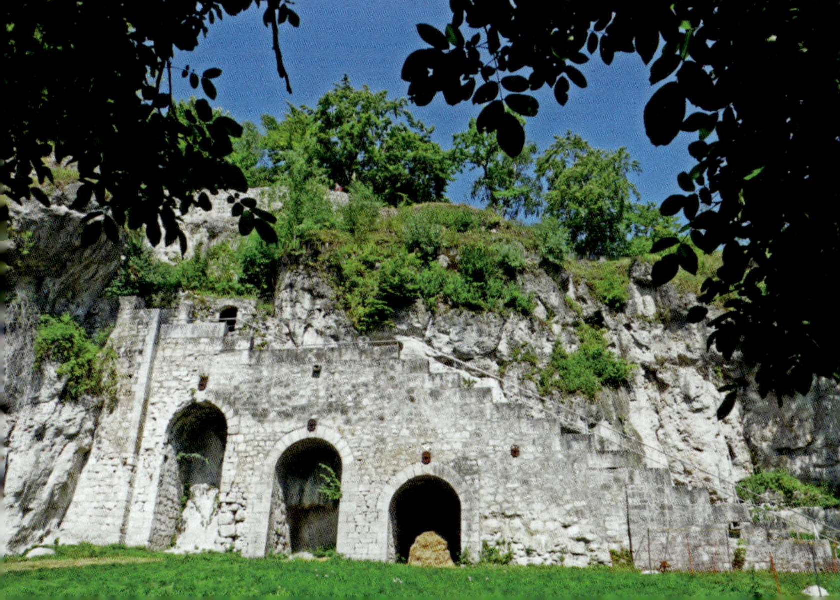

Burg Scharzfels

Scharzfels ist die Ruine einer mittelalterlichen Burg. Sie liegt 150 m über dem Odertal auf einem 20 m hohen Felsen und galt lange als uneinnehmbar (nähere Infos unter www.trekkingguide.de/wandern/deutschland-harz-burg-scharzfels.htm).

Für das leibliche Wohl sorgt die Schlossberg-Baude mit schönem Biergarten. 055 24/99 70 99 oder 01 76/23 74 57 71, Mo, Mi, Do und Fr 11:00 bis 18:00, Sa und So 10:00 bis 18:00

Nach Verlassen des Burggeländes wenden Sie sich nach links (Norden) und folgen der Beschilderung „Einhornhöhle/Karstwanderweg". Es gibt diverse Rundwege in der Umgebung, die auch den Begriff Einhornhöhle in der Beschilderung führen. Lassen Sie sich dadurch nicht irritieren!

Der Waldpfad führt hinab ins Tal. Hier auf der Forststraße gehen Sie vor dem Bach nach rechts und nach ein paar Metern wieder links, wo Sie auf einer kleinen Brücke den Bach überqueren. Geradeaus weiter auf Wurzelpfad im Wald aufsteigend (K) gelangen Sie oberhalb von einer Wiese zur Einhornhöhle (, km 9).

Einhornhöhle

Die Einhornhöhle ist mindestens 600 m lang und kultur- und naturhistorisch eine Schatzkammer. Bereits 1583 hat man hier nach Einhornknochen gegraben. Erst im 17. Jh. stellte sich heraus, dass diese Knochen Höhlenbären, Höhlenlöwen und ca. 70 weiteren Tierarten gehörten. Seit über 100.000 Jahren wurde die Höhle von Mensch und Tier immer wieder aufgesucht, und alle haben hier in so großen Mengen Spuren hinterlassen, dass die Ausgrabungen bis heute nicht abgeschlossen sind. Unter anderem waren Berühmtheiten wie Leibnitz, Goethe und Virchow an den Untersuchungen zur Einhornhöhle beteiligt (weitere Infos unter www.einhornhoehle.de). Bei einer Besichtigung der Höhle sollten Sie sich warm anziehen! Das Fotografieren in der Höhle ist verboten. tägl. 11:00 bis 16:00, Höhlenführungen zur vollen Stunde, die letzte startet um 14:00 (Anmeldung nur für größere Gruppen erforderlich, 055 21/99 75 59).

Die Wanderbaude Haus Einhorn beherbergt einen Kiosk, einen Imbiss mit einfacher Speisekarte sowie ein kleines Museum, das im Anschluss an die Führungen geöffnet wird. Im Kiosk gibt es auch die Eintrittskarten zur Höhlenführung.

Unmittelbar links neben dem Höhleneingang setzt sich – zuerst etwas unscheinbar – der Karstwanderweg (weißes K in rotem Balken) auf schmalem Waldpfad fort. Hier werden die Felswände passiert, hinter denen die Höhle liegt.

Der Pfad geht in Feldwege über, die malerisch oberhalb von Weiden dem Waldrand folgen (✎ K). So erreichen Sie am Fuß eines Wiesenhanges die Zufahrtsstraße zur Einhornhöhle. Dieser folgen Sie links talwärts zu den ersten Häusern von Scharzfeld und biegen dort gleich rechts aufwärts ab. Oben am Waldrand folgen Sie links dem Waldweg, der nach 200 m vor einem Grundstück nach rechts umbiegt. ✋ Gleich hinter der Kurve links am Zaun entlang gehen Sie den etwas zugewachsenen Pfad hinunter, der ins Bremketal führt. Rechts oben ragen die Kalkfelsen des Steinberges auf. Unten überqueren Sie Straße und Bach und gehen dann links unter der Schnellstraße hindurch. Die darauf nach rechts abführende Steinstraße und deren Verlängerung, die Steingasse, bringen Sie nach 300 m wieder zurück zum Parkplatz Steinkirche.

↳ Geradeaus an der Bremke entlang gelangen Sie in den Ortskern von Scharzfeld ✕ 🚌.

Auf dem Karstwanderweg

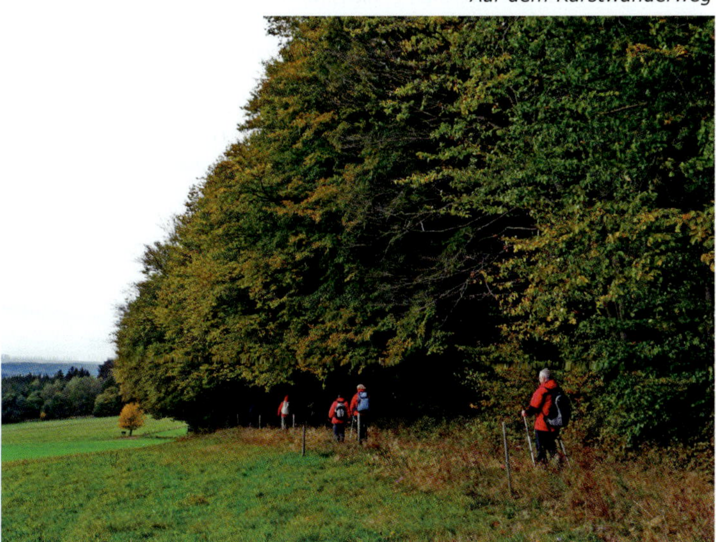

26 Über den Baudensteig auf den Großen Knollen und ins Luttertal

Tour für Naturliebhaber, Gipfelstürmer und Weitblicker

Ziel der Wanderung und geografischer, dramaturgischer sowie – neben der Kupferhütte – gastronomischer Höhepunkt ist der Große Knollen. Der 687 m hohe Gipfel ist gekrönt von einem mächtigen Aussichtsturm, der einen Überblick über den gesamten Südharz eröffnet. Sogar aus den Panoramafenstern der Gaststätte ist der Blick schon fantastisch.

Der Anstieg zum Großen Knollen verläuft zum größten Teil auf einem schmalen Pfad im Buchenwald, der sanft und stetig an Höhe gewinnt. Im Frühjahr lassen die Buchen viel Licht durch, was Bärlauch und Waldmeister sowie viele Blumen zu schätzen wissen. Im Sommer sorgt das frisch grüne Laub für angenehmen Schatten und im Herbst bereichert es die Farbpalette um die Töne Gelb, Rot und Braun. Hinunter geht es später zuerst über Pfade und Forstwege, dann entlang der plätschernden Lutter über eine asphaltierte Forststraße, die aber für den Verkehr gesperrt ist.

Die Wege sind leicht zu gehen, die Steigungen meist moderat. Die von Flüssen zerschnittene Berglandschaft ist typisch für den Harzrand, und die tollen Ausblicke vom Knollenturm bis zum Brocken lohnen die überschaubaren Mühen allemal.

- Start/Ziel: Wanderparkplatz am Ende der Lutterstraße, Bad Lauterberg, GPS N 51° 38.270' E 010° 27.615'
- 11,6 km (ab Bushaltestelle 15 km)
- 3 Std. 30 Min.
- 370 m/370 m
- 320-687 m
- Die Beschilderung ist gut und übersichtlich: im Aufstieg durchgehend markiert als Baudensteig (blaues Rechteck, 13D), im Abstieg mit blauem Punkt (13Q). Am Startpunkt steht ein Schild zum Baudensteig mit einer kleinen Übersichtskarte.
- Baude auf dem Großen Knollen (km 5,5), Waldcafé Kupferhütte mit gemütlichem Biergarten (km 1 bzw. km 11)
- Auf dem Großen Knollen finden Sie einen Rastplatz mit Tischen und Bänken, Schutzhütten am Knollenkreuz (km 2) und an der Lutter am Wassertretbecken (km 9).
- An der Zufahrt zum Parkplatz liegen zwei Supermärkte.

Der Aufstieg ist nicht zu steil und es geht stetig aufwärts. Die zweite Hälfte des Rückweges verläuft entlang der Lutter, mit mehreren Stellen, an denen man am Wasser pausieren und spielen kann. An der Kupferhütte leben viele Tiere und am Ende der Tour wartet ein Abenteuerspielplatz am Bach.

Die Runde über den großen Knollen ist für Buggys nicht geeignet, die asphaltierte, ebene Forststraße im Luttertal (Teil des Rückweges) aber schon. Als Ziel bietet sich die Kneippanlage mit schönem schattigen Platz am Bach an. Ab Wanderparkplatz sind es bis dahin 2,6 km, ab Gaststätte Kupferhütte 2 km.

Beim Aufstieg findet sich für den Hund kein Wasser und es geht meist über schmale Fußpfade. Im Abstieg verlaufen Bäche parallel zum Weg. Leinenpflicht herrscht vom 1. April bis zum 15. Juli.

Die Tour ist bei Winterwanderern und – bei genügend Schnee – auch bei Schneeschuhgängern beliebt.

P Wanderparkplatz am Ende der öffentlichen Lutterstraße (unmittelbar vor dem Schild, das die Weiterfahrt ins Luttertal verbietet)

Gute Anbindung, z. B. von Herzberg, Walkenried oder Bad Sachsa: Die Bushaltestelle nennt sich „Alter Bahnhof, Bad Lauterberg im Harz". Von hier zum Wanderparkplatz sind es 1,5 km flussaufwärts (Richtung Norden) entlang der Lutter (Scharzfelder Straße, Kupferroser Weg, Lutterstraße).

Über Bismarckturm und Hausberg können Sie ins Zentrum von Bad Lauterberg wandern: schöne Wege mit zwei wunderbaren, aussichtsreichen Gaststätten.

Gerade im Frühjahr, wenn die noch spärliche Belaubung die Sonnenstrahlen auf den mit Kräutern bedeckten Waldboden scheinen lässt, oder im Herbst, wenn sich das Laub bunt färbt, ist die Route besonders beeindruckend.

Auf halber Höhe des Parkplatzes führt ein beschilderter Fußweg nach rechts (Osten) wenige Schritte aufwärts, bevor Sie dann parallel zur Straße auf ebenem Waldpfad die Kupferhütte in gut 5 Min. erreichen. Hier lässt es sich im Waldcafé mit dazugehöriger Imkerei sehr schön einkehren, aber das sollten Sie vielleicht besser auf den Rückweg verschieben.

Über zwei Brücken wenden Sie sich zuerst nach halb links und dann nach links, um den Aufstieg zu beginnen. Die braune Markierung des Baudensteiges und das blaue Rechteck des Weges 13D werden Sie bis zum Gipfel des Großen Knollen begleiten. Zunächst gehen Sie noch wenige Hundert Meter auf Asphalt. Ignorieren Sie die von links kommenden Forstwege. Erst wenn nach links hinten aufwärts ein unscheinbarer, aber beschilderter Waldpfad abgeht, verlassen Sie auf diesem die Forststraße. Der Pfad kreuzt bald den „Kupferroser Kunst- und Kehrradgraben", einen heute trockenen Kanal aus den Zeiten des Harzer Bergbaus.

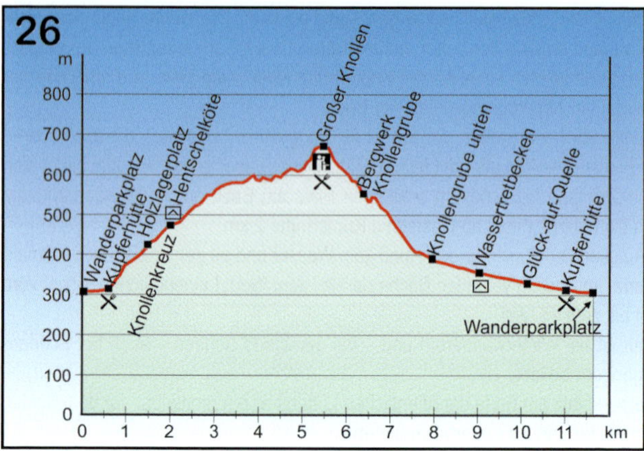

Kupferroser Kunst- und Kehrradgraben

Das von diesem Graben herangeführte Wasser diente zum Betrieb des großen Kehrrades im Luttertal, welches das Erz aus den Tiefen des Berges förderte. Anschließend wurde es über zwei Kunsträder geleitet, die die Pumpen zur Entwässerung des Bergwerkes antrieben. Weiter bergab floss das Wasser über zwei Gebläseräder der Kupferhütte unten im Tal und trieb zum Schluss noch zwei Hammerwerke an. Der Graben führte sein Wasser seit 1716 fast 5 km aus einem Stausee weiter oben im Luttertal heran, bis das System nach 1753 nicht mehr gebraucht wurde.

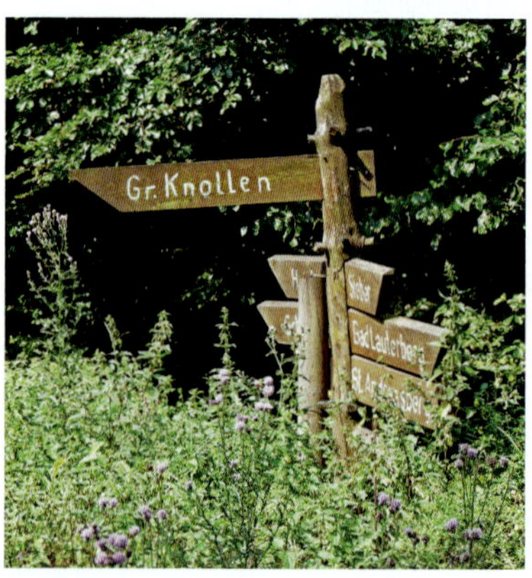

Aufstieg zum Großen Knollen

Der schmale Fußpfad mündet bald in einen etwas breiteren Forstweg, dem Sie nach rechts bis zu einem Wendeplatz für Forstfahrzeuge folgen. Hier nehmen Sie rechts den zweiten Weg, der wieder gut beschildert ist.

Ein schmaler geschotterter Fahrweg mündet 1,7 km hinter der Kupferhütte auf einen weiteren Holzlagerplatz. Hier, am sogenannten Knollenkreuz, treffen sich viele

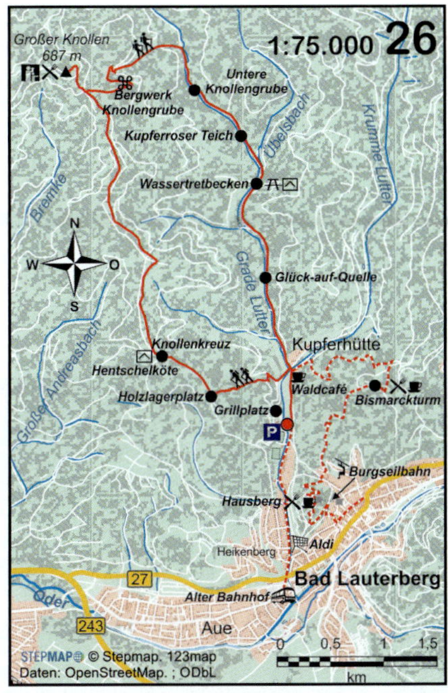

Wege. Rechter Hand befindet sich die Hentschelköte (km 2). Sie überqueren den Platz geradeaus in eine Forststraße, in der sofort nach rechts der Große Knollen (noch 3,4 km) ausgewiesen ist. Nach wenigen Schritten geht es noch einmal rechts ab in einen schmalen Waldpfad. Hier ist die Markierung etwas unscheinbar. Dafür ist der Trail, dem Sie nun folgen, um so attraktiver. Er steigt als Pfad sanft und stetig an und führt Sie durch Buchenwald bis fast zum Gipfel. Ignorieren Sie alle querenden Holzrückepfade, folgen Sie dem Wanderpfad und den Baudensteig-Symbolen. Oberhalb von 600 m wird der Pfad ebener. Er senkt sich später in einen Sattel und kreuzt eine Forststraße. Danach steigt er wieder an (noch 1 km zum Gipfel). Bald kommt an einer Lichtung von rechts hinten ein Weg heran, auf den Sie nach links abbiegen. Einen Wegstern mit kleiner Bank überqueren Sie geradeaus und folgen dem markierten schmalen Pfad, der zwischen den beiden Forststraßen weiter aufwärts führt.

Kurz vor dem Aussichtsturm, der links durch die Zweige zu erahnen ist, erreichen Sie eine Forststraße, der Sie nun nur noch wenige Meter weiter bis zur Gaststätte und dem Aussichtsturm auf dem Großen Knollen (km 5,5) folgen.

Großer Knollen

Sie stehen auf einem erloschenen Porphyrvulkan, was die rötliche Färbung der Gesteine erklärt. Vom Turm – wie die Baude 1904 errichtet – überblicken Sie den gesamten Südharz vom Brocken bis ins Eichsfeld. Bei klarem Wetter können Sie sogar den Großen Inselsberg im Thüringer Wald ausmachen.

Auch die Baude liegt mitten auf dem Gipfel des Großen Knollens. Entsprechend lohnend ist daher – neben Erbsensuppe mit Wurst und leckerem Kuchen – schon die Aussicht aus den Panoramafenstern der Gaststätte. ☏ 055 85/222, www.grosserknollen.de, 9:00 bis 17:00, Mo Ruhetag

Zum Abstieg nehmen Sie zuerst die schon bekannte Route: Sie folgen der Forststraße nach Osten abwärts, biegen in der Linkskurve auf den Waldpfad ein und folgen diesem hinab bis zum vom Hinweg bekannten Wegstern. Auf der anderen Seite führt nun halb links neben der Bank und dem Aufstiegsweg ein mit einem blauen Punkt und der Nummer 13Q bezeichneter Pfad bergab. Die Entfernung zur Kupferhütte ist hier mit 4,7 km angegeben, die nach Bad Lauterberg mit 7,3 km.

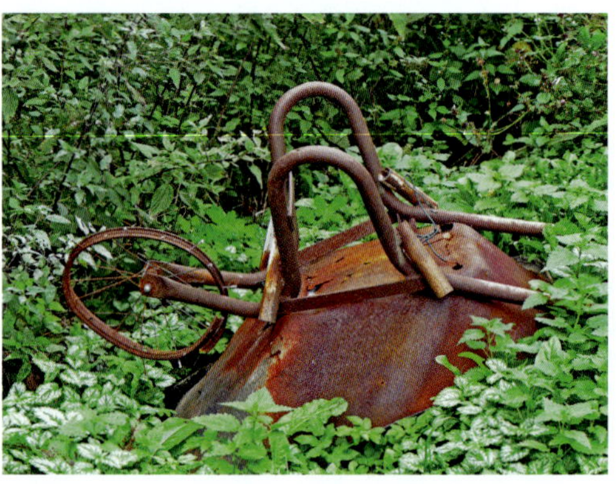
Der historische Bergbau ist allgegenwärtig

Der Wanderpfad quert wieder die eine oder andere Holzrückespur. Einige Serpentinen winden sich um eine Schlucht, die ehemalige ⌘ Knollengrube.

Knollengrube
Es handelt sich hier um ein verlassenes Bergwerk, das vom 16. bis ins 20. Jh. betrieben wurde. Kurz vor der Schließung 1925 förderten hier 20 bis 30 Bergleute das Eisenerz aus 90 m Tiefe.

An der nächsten Gabelung ist rechts wieder eine kleine Schlucht zu sehen. Sie folgen der Beschilderung nach links. Es geht wenige Meter aufwärts und dann wieder hinab. Der Weg beschreibt eine weite Kurve und mündet in eine Forststraße. Die Beschilderung (✎ Kupfermühle 4,3 km) sehen Sie, wenn Sie auf der Forststraße stehen und sich umdrehen. Um den Weg unterhalb der Böschung zu erreichen, gehen Sie kurz (für 80 m) die Forststraße nach rechts hoch, um bald darauf nach links dem schmaleren Forstweg wieder zurück zu folgen. Beim weiteren Abstieg kommen Sie an einer Hütte (rechts) vorbei, die allerdings verschlossen ist. Der von rechts kommenden Forststraße folgen Sie nach links abwärts.

Unten im Luttertal erreichen Sie die asphaltierte Forststraße. Dieser folgen Sie nach rechts 3,5 km zur Kupferhütte, nun immer begleitet von den murmelnden Wassern der Lutter. Zwischendurch passieren Sie den unteren Teil der Knollengrube, erkennbar an einer Lore, die am Wegesrand aufgestellt ist. Auf der anderen Flussseite können Sie bis an den Stollen herangehen, dort befindet sich auch eine Schautafel.

Etwas weiter am Weg liegt links eine Lichtung. Hier befand sich bis 1808 der Teich, der das Wasser für den Kupferroser Kunstgraben sammelte (☞ Infotafeln). Der Straße folgend ignorieren Sie alle Abzweigungen, aber nicht die schönen Plätze am Bach! Hier und da lässt es sich gut rasten, besonders beim Wassertretbecken der Kneippanlage, wo Sie auch bestens an oder in den Bach kommen. Eine kleine Wiese lädt zum Ausstrecken ein und ein mit Bänken ausgerüsteter ⌂ Holzpavillon schützt gegebenenfalls vor Regen.

An der Glück-auf-Quelle, noch ein paar Schritte weiter, können Sie Ihre Wasservorräte aufstocken. Ich würde jedoch empfehlen, stattdessen ein Getränk oder mehr im Waldcafé Kupferhütte einzunehmen.

Das Gasthaus Kupferhütte

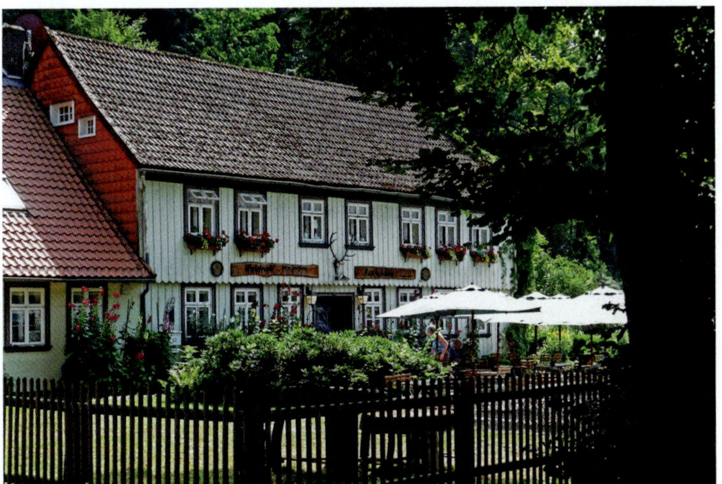

✕ Kupferhütte: Das historische Holzhaus von 1860 bietet schöne Räumlichkeiten für die rustikale Gaststätte an der Kupferhütte, beherbergt aber auch eine Imkerei mit einem kleinen Imkermuseum. Bei Sonne sitzen Sie noch besser im einladenden Biergarten, um den hausgemachten Kuchen oder die Wildgerichte zu probieren. Auf der Lichtung rund um das Anwesen leben Ziegen, Esel, Hühner und Pferde.

☏ 055 24/85 28 80, www.imkerei-quellmalz.de, ganzjährig außer dienstags.

☺ Nehmen Sie sich doch Honig oder Bienenwachskerzen aus der hauseigenen Imkerei als verbrauchbares Souvenir oder als Geschenk mit!

Rückweg über Bismarckturm und Hausberg (5 km, ↑ ↓ 300 m/320 m, 2 Std. ab Kupferhütte)

Um ins Zentrum von Bad Lauterberg zu kommen, empfiehlt sich die schöne Route über den Bismarckturm. Sie ist als Baudensteig markiert und bietet neben schmalen Pfaden und tollen Aussichten noch zwei sehr einladende Gaststätten sowie – auf Wunsch – eine aussichtsreiche Talfahrt per Sessellift.

Wenn Sie aus der Kupferhütte kommen, führt Sie rechts eine Straße Richtung Nordosten ins Tal der Krummen Lutter. Nach wenigen Metern halten Sie sich im spitzen Winkel rechts und nach 150 m gehen Sie noch einmal rechts steil hinauf. An einer Gabelung halten Sie sich links. So führt Sie ein sehr schöner, beschilderter Pfad in ca. 45 Min. zum Bismarckturm und in weiteren 45 Min. zum Hausberg. Von diesem können Sie mit dem urigen Sessellift oder über Waldpfade (mit einem grünem Punkt und „Bad Lauterberg" markiert) in 30 Min. direkt in die Altstadt Bad Lauterbergs gelangen.

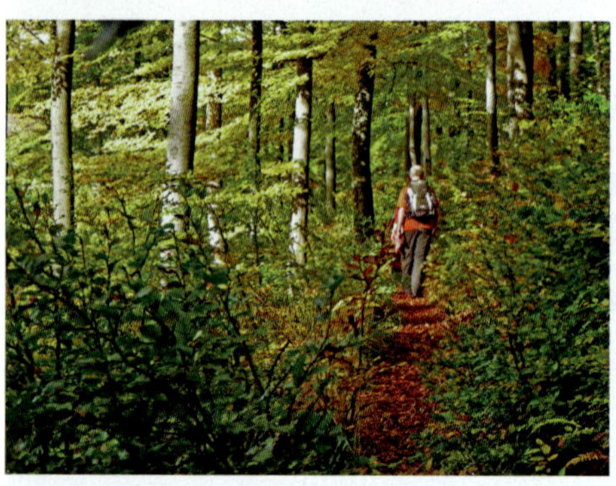

Naturnahe Pfade im Buchenwald

Der kurze Rückweg von der Kupferhütte zum Wanderparkplatz erfolgt auf dem Hinweg oder der Asphaltstraße.

Vom Parkplatz weist ein Schild den Weg zum wenige Meter entfernten Grillplatz Augenquelle, der zusammen mit einem Abenteuerspielplatz direkt an der Lutter liegt. Das ist ein schöner Platz, falls Sie die müden Füße im Bach erfrischen wollen oder Ihre Kinder noch nicht ausgelastet sind.